WAS DIE TAROTKARTEN UNS VERRATEN

Was die Tarotkarten uns verraten

Ein kleines Handbuch, um zu lernen, wie man mit den Tarotkarten von A.E. Waite arbeiten kann

Petra Sonnenberg

IR IS
Bücher & mehr

Hinweis des Verlages:
Die Empfehlungen, Behandlungsmethoden, Informationen, Übungen, Rezepte, Aussagen usw. in diesem Buch wurden von der Autorin und dem Verlag so weit wie möglich erprobt und inhaltlich sorgfältig kontrolliert. Die Autorin und der Verlag übernehmen keinerlei Haftung für eventuellen Schaden, der durch den Gebrauch oder Mißbrauch der Information in diesem Buch entsteht. Die Information in diesem Buch ist für Interessierte gedacht und nicht als Therapie- und Diagnoseanweisung im medizinischen Sinne zu verstehen.

Die Originalausgabe erschien unter dem Titel *Trainen met de tarot van A.E. Waite* bei Uitgeverij Schors, 2003, Amsterdam, Niederlande.
© Deutsche Ausgabe 2003: IRIS Bücher & mehr, Amsterdam, Niederlande
© World: Uitgeverij Schors, Amsterdam, Niederlande

ISBN 90-6361-009-2

Übersetzung: Martin Rometsch
Umschlaggestaltung: Studio Paul C. Pollmann
Auskünfte: http://www.irisbuch.com

Inhalt

Kartenlegen auf dem Jahrmarkt

Einleitung

Wenn Sie sich für den Tarot interessieren, haben Sie mehrere Möglichkeiten: Sie können zum Beispiel eine gründliche Studie über den Tarot durchführen oder eine Einführung lesen und später überlegen, wie tief Sie eindringen wollen. Das eine oder andere hängt natürlich davon ab, wie viel Sie bereits über den Tarot wissen und was Sie mit Ihrem Wissen anfangen wollen.

Was die Tarotkarten uns verraten benutzt die Tarotkarten, die A. E. Waite und Pamela Colman Smith entworfen haben. Sie sind die beliebtesten Tarotkarten der Welt, weil die Symbolik des Tarots sich ihn ihnen am klarsten widerspiegelt.
Die Bilder auf diesen Karten sind Reproduktionen eines Decks (engl. für „Kartenspiel"), das dem Theosophen A. E. Thierens gehörte, einem Zeitgenossen von Waite. Wahrscheinlich ist dieses Deck ein Erstdruck, wodurch übrigens die Frage beantwortet wäre, wie das „echte" Deck von Waite und Smith ausgesehen hat.

Die Karten haben deutsche und englische Namen, damit Sie das Deck mühelos mit anderen Tarotdecks vergleichen können. So wird verhindert, dass die Symbolik der Karten sich durch eine andere Sprache verändert.

Das Anliegen dieses Buches
Viele Menschen wollen mit dem Tarot Antworten auf alltägliche oder besondere Fragen finden. Der Tarot ist ein bekannter und häufig benutzter Leitfaden, wenn es um das Verständnis und die Lösung von Lebensproblemen geht. Dank der klaren Deutung und der speziellen Anordnung der Informationen können Sie sofort mit den Karten arbeiten. Anhand von Schlüsselwörtern, astrologischen Zusammenhängen und Kurzbeschreibungen der traditionellen und divinatorischen Bedeutung erhalten Sie einen unmittelbaren Einblick in das Geheimnis der Karten.

Die Einteilung nach Farbblöcken

Wer Tarotkarten befragt, will oft mehr über seine Finanzen, seinen Beruf, eine Liebesbeziehung oder die Zukunft erfahren. Darum werden diese spezifischen Anliegen jeweils gesondert in Farbblöcken behandelt. Auf diese Weise erhalten Sie einen direkten Zugang zum Kern Ihrer Frage und zur möglichen Antwort, ohne dass Sie zuerst die gesamte Beschreibung der Karten lesen müssen.

Die Symbolik der Karten

Die Bedeutung der Karten wird so knapp wie möglich und in kurzen Sätzen und Schlagwörtern erläutert. Im Gegensatz zu den meisten anderen Tarotbüchern finden Sie hier keine Beschreibung der Kartenbilder und ihrer Symbolik — die Bilder sprechen für sich. Einer der wichtigsten Aspekte des Tarots ist ja das Visualisieren der Karten. Mit anderen Worten: Ihre eigene Interpretation ist mindestens so wichtig wie die „Standardauslegung".

Beschreibungen wie „Der Wagen wird von zwei sphinxartigen Wesen gezogen, die gegensätzliche Kräfte symbolisieren, welche sich letztlich einigen und gemeinsam siegen" werden Sie also nicht begegnen, schon deshalb nicht, weil jeder Autor seine eigenen Deutungen zum Besten gibt, was die wirkliche Aussage nicht unbedingt erschließt. (Wenn Sie dennoch mehr über die Symbolik erfahren möchten, können Sie im Anhang 2 auf Seite 125 Bücher zu diesem Thema heraussuchen.)

Verbinden Sie die Schlagwörter mit Ihrer eigenen Interpretation, und Sie werden über die treffenden Ergebnisse erstaunt sein!

Legemethoden

Auch das Legen der Karten wird übersichtlich dargestellt. Es gibt zwar viele Legesysteme — eines komplizierter als das andere —, aber in diesem Buch beschränke ich mich auf traditionelle, bekannte und häufig verwendete Methoden wie das Keltische Kreuz (siehe Seite 25). Alle Legemethoden eignen sich sowohl für Anfänger als auch für Fortgeschrittene. Das Wichtigste ist, dass die Systeme zu Ihrem Ziel passen, und genau dafür habe ich sie ausgewählt.

Was hat der Tarot zu bieten?

Mit diesem Buch und den Karten können Sie herausfinden, wie weit Sie auf dem Weg zur Selbsterkenntnis bereits gekommen sind. Diesen Prozess können Sie dann in Ihrem weiteren Leben kreativ und spontan fortsetzen — denn die Symbole des Tarots sprengen die Grenzen des verbalen Denkens.

Häufig gestellte Fragen über den Tarot

Im Laufe der Zeit ist der Tarot zu einem sehr gefragten Orakel geworden. Dennoch weiß nicht jeder, wie man mit den Karten umgeht. Vor allem für Anfänger ist das ein aktiver Prozess, bei dem viele Fragen auftauchen. Die folgenden Fragen werden am häufigsten gestellt, und ich habe mich bemüht, sie so genau wie möglich zu beantworten.

Brauche ich übersinnliche Fähigkeiten, um mit dem Tarot zu arbeiten?

Nein – aber sie können natürlich von Vorteil sein. Sie müssen allerdings gut zwischen Verstand und Intuition abwägen, um die Karten deuten zu können.

Gehört der Tarot zur schwarzen Magie?

Nein. Dieses (hartnäckige) Gerücht ist entstanden, weil die Kirche (der Papst) den Tarot einst als „Bilderbuch des Teufels" bezeichnet haben.

Wie oft soll ich den Tarot befragen?

Einmal am Tag ist (mehr als) ausreichend.

Muss ich mir das Deck schenken lassen?

Nein, es spielt keine Rolle, wie Sie ein Deck erwerben. Wie Sie damit arbeiten, ist allerdings wichtig.

Muss ich die Karten in einem Seidentuch oder in einer speziellen Schatulle aufbewahren?

Das ist nicht notwendig, aber ratsam, denn ein Schmuckstück bewahren Sie ja auch in einer hübschen Schatulle auf! Eine sorgsame Behandlung der Karten erzeugt eine positive Atmosphäre und stimuliert.

Dürfen andere meine Karten benutzen?

Das hängt ganz von Ihnen ab. Manche Leute glauben, die Karten nähmen Energie von den Händen auf. Wenn Sie diese Meinung teilen, geben Sie Ihre Karten am besten nur guten Freunden. Wenn Fremde Ihnen die Karten legen, können Sie sie selbst auswählen.

Muss ich mich genau an die Deutungen in den Büchern halten?

Ganz und gar nicht! Ihre eigene Interpretation und Ihre eigenen Einsichten sind ebenso wichtig wie jene der „erfahrenen Kartenleger". Es schadet jedoch nichts, wenn Sie die Grundwerte und die Symbolik des Tarots ein wenig studieren, damit Ihnen das Deuten der Karten leichter fällt.

Welche Fragen darf ich stellen?

Sie dürfen den Tarot fast alles fragen, wenn Sie auf die Fragestellung achten. Formulieren Sie immer einfache Fragen, und stellen Sie nie mehrere Fragen gleichzeitig. Fragen, die mit wie, wann, warum, was oder wie beginnen, sind beinahe immer gut zu beantworten.

Komplizierte Fragen wie „Soll ich mein Flugticket heute buchen oder lieber bis nächste Woche warten?" oder „Hat Atlantis wirklich existiert?" können Sie zwar stellen; aber die Antworten werden recht vage sein. Es ist nämlich unklar, worauf geantwortet werden soll und ob die Antwort ja oder nein lautet. Im Tarot heißt das „positiv" (bestätigend) oder „negativ" (verneinend).

Welche Karten sind die Besten?

Es gibt zahllose Tarotdecks. Manche haben eine abweichende Symbolik (z. B. die Karten von Aleister Crowley und Frieda Harris), andere wurden nach einer künstlerischen Vision entworfen. Darum ist es schwierig zu sagen, welcher Tarot „der Beste" ist. Lassen Sie sich einfach von Ihrem Geschmack leiten. Die meisten Decks unterscheiden sich nur geringfügig, was die Symbolik betrifft.

Die Großen und die Kleinen Arkanen

Der Tarot ist ein sehr altes esoterisches Orakel. Er besteht aus 78 Karten mit Bildern, die für alle Aspekte des täglichen spirituellen Lebens Bedeutung haben. Man teilt die Karten in zwei Gruppen ein: *22 Große Arkanen* und *56 Kleine Arkanen*. Arcanus bedeutet im Lateinischen „geheim". Das ist eine Anspielung auf das verborgene Wissen der spirituellen Ebenen, also auf deren Geheimnisse.

Die Großen Arkanen

Die großen Arkanen bestehen aus 22 Karten, die abstrakte Werte des Lebens mit *archetypischen Symbolen* wiedergeben. Die Großen Arkanen sind die „Trümpfe" des Tarots. Wahrscheinlich sind sie älter als die Kleinen Arkanen. Die Zahl der Karten war früher nämlich verschieden, und erst um das Jahr 1500 wurde ein Spiel beschrieben, da wir der heutige Tarot aufgebaut war: das *venezianische Kartenspiel.*

Die 22 Karten der Großen Arkanen bespreche ich der Reihe nach im Kapitel „Die 78 Karten des Tarots" auf Seite 33 u.f.

Spezielle Karten der Großen Arkanen
Die Karten 8 und 11

In der ursprünglichen Reihenfolge hatten zwei Karten der Großen Arkanen eine andere Nummer: Kraft war die Nummer 11, Gerechtigkeit die Nummer 8.

Arthur Edward Waite vertauschte diese Karten, so dass Kraft zur Nummer 8 und Gerechtigkeit zur Nummer 11 wurde. Warum er das tat, wissen wir nicht.

Die neue Reihenfolge nach Waite hat keinen Einfluss auf die Deutung der Karten. Nur wenn Sie sich mit Numerologie beschäftigen, müssen Sie wissen, dass einige Fachleute die Umstellung ablehnen.

Das klassische Tarot von Arthur Edward Waite und Pamela Colman Smith ist das am häufigsten gebrauchte der Welt, und viele Designer haben seine Reihenfolge übernommen.

Wenn Sie noch nicht wissen, welche Reihenfolge Sie vorziehen, können Sie die Karten später immer noch vertauschen, indem Sie die gewünschte Nummerierung darauf schreiben, das heißt zur „alten" Reihenfolge zurückkehren. Besser ist es allerdings, die gewünschte Nummerierung zuerst auf ein Stückchen steifes Papier zu schreiben und dieses behutsam auf die alten Ziffern zu kleben.

Vorläufig sollten Sie aber sowohl die ursprüngliche als auch die neue Reihenfolge ausprobieren und dann diejenige wählen, die Ihnen am besten gefällt.

Persönliche Karten

Viele Tarotkenner verwenden eine persönliche Karte und eine Seelenkarte. Beim Berechnen dieser Karten wirken Astrologie und Numerologie zusammen. Mit Hilfe des Geburtsdatums eines Menschen können wir ausrechnen, welche Große Arkane den wichtigsten Aspekt des Lebens beschreibt. Die Seelenkarte wird dann mit Hilfe dieser persönlichen Karte berechnet.

Die persönliche Karte

Die persönliche Karte enthüllt, wie wir uns der Außenwelt zeigen und welche Persönlichkeitsmerkmale wir weiterentwickeln sollten. Wichtig dabei sind die Mittel, die wir benutzen, um unsere Umgebung zu beeinflussen; die Aufgaben, die wir lösen müssen; und die Herausforderungen, mit denen wir konfrontiert sind. Berechnet wird die persönliche Karte wie folgt:

- Gehen Sie vom *Geburtsdatum* aus, z. B. 24. Februar 1956, und addieren Sie Tag, Monat und Jahr:
  $24 + 2 + 1956 = 1982$
- Berechnen Sie nun die Quersumme:
  $1 + 9 + 8 + 2 = 20$. Dies ist die *persönliche Zahl.*
- Die Große Arkane, welche die Nummer 20 trägt, ist die *persönliche Karte:* Gericht.

Anmerkung: Ist die Summe höher als 20, bilden Sie die Quersumme erneut. Beispiel: Wenn die Summe 27 beträgt, rechnen Sie $2+7 = 9$. Hier ist die *persönliche Karte* die 9. Große Arkane.

Die Seelenkarte

Die Seelenkarte enthüllt das Selbstbild und die Eigenschaften, die wir weiterentwickeln können, also unsere verborgenen Kräfte. Anders als die persönliche Karte symbolisiert die Seelenkarte das Selbst: Wie gut kennen Sie sich selbst wirklich? Oder: haben Sie den Mut zur Selbsterkenntnis?

Die Seelenkarte wird mit Hilfe der *persönlichen Zahl* berechnet:

- Addieren Sie die Ziffern der persönlichen Zahl, in diesem Beispiel also:

  2 + 0 = 2. Dies ist die *Seelenzahl.*
- War die persönliche Zahl 22, ist der Narr (0) die persönliche Karte, und die Seelenzahl wird wie gewöhnlich berechnet:

  2 + 2 = 4. Die *Seelenkarte* ist demnach der Herrscher (4).

Die Kulminationskarte

Die Kulminationskarte wird nicht berechnet und ist dennoch eine Art Summe. Sie spielt eine Rolle bei einer bestimmten Kartenposition im Legesystem. Die Werte und Bedeutungen aller Karten werden dabei zusammengefasst, so dass sie ein Gesamtbild ergeben. Dabei kommt es auch auf die Positionen der Karten an; denn beim Legen geht es ja nicht nur um die Bedeutung einzelner Karten, sondern auch um die Bedeutung der ganzen Legung.

Die Kleinen Arkanen

Die Kleinen Arkanen, die übrigen 56 Karten, symbolisieren das tägliche Leben und dessen Ereignisse. Man teilt sie in 16 Hofkarten und 40 Zahlenkarten ein.

Die *Hofkarten* (König, Königin oder Dame, Ritter und Bube oder Knappe) stehen für die Menschen unseres Umfeldes und zeigen, wie wir einander beeinflussen. Die Zahlenkarten (As bis Zehn) symbolisieren uns selbst und unser Verhältnisse.

Die allgemeine Bedeutung der Hofkarten wird im folgenden Abschnitt besprochen. Die allgemeine Bedeutung der *Zahlenkarten* bespreche ich nicht gesondert, sondern im Kapitel „Die 78 Karten des Tarots" auf Seite 57 u.f.

Die Hofkarten der Kleinen Arkanen

Hofkarten haben eine „doppelte" Bedeutung: Sie stehen für Sie (oder denjenigen, für den Sie die Karten legen), aber auch für einen Menschen, an den Sie oft denken und mit dem Sie sich vergleichen.

Ein *König* oder eine *Königin* (sie wird auch Dame genannt) können eine Elternfigur (Vater oder Mutter) symbolisieren, aber auch einen Menschen, der für Sie eine Respektperson ist und dem Sie vertrauen. Es sind immer Erwachsene, die guten Rat geben können.

Der *Ritter* ist meist ein junger Mann, der mit seiner vorurteilsfreien Impulsivität einer festgefahrenen Situation eine neue Wendung gibt. Seine ansteckende Energie kann Sie umstimmen. Erwarten Sie vom Ritter keine Deutung — er kann nicht viel erklären und wirkt darum bisweilen etwas dickköpfig oder einseitig.

Der *Bube* oder *Knappe* steht für ein Kind oder eine junge Frau, manchmal auch für einen Menschen mit wichtigen Neuigkeiten, einer Botschaft oder einer neuen Idee. Dank seines oft erhellenden und neuen Beitrags ist der Bube ein nützlicher Katalysator, der Veränderungen in Ihrem Leben auslösen kann.

Die vier Farben der Kleinen Arkanen

Die Kleinen Arkanen werden in *vier Gruppen* eingeteilt (die *Reihen* oder *Farben*), die jeweils die gleiche Anzahl von Karten haben: 14 in jeder Gruppe (4 Hofkarten —König, Königin, Ritter und Bube, und 10 Zahlenkarten —As bis Zehn). Diese Karten sind jünger als die Großen Arkanen (sie stammen aus dem Mittelalter) und gelten als Vorläufer der heutigen Spielkarten. In früheren Kartenspielen symbolisierten die vier Farben die vier mittelalterlichen Stände:

- *Schwerter* den Adel
- *Kelche* oder *Pokale* die Geistlichkeit
- *Münzen* oder *Scheiben* die Kaufleute
- *Stäbe* die Bauern und das gemeine Volk

Alle 56 Karten der Kleinen Arkanen bespreche ich einzeln im Kapitel „Die 78 Karten des Tarots" auf Seite 57 u.f.

15

Stäbe (Ruten, Stöcke, Szepter, Keulen, Kreuz)

Stäbe werden mit dem *Feuer* assoziiert und meist als brennende Fackeln oder Zweige mit frischen grünen Blättern (einem Symbol für neues Leben) dargestellt. Sie sind Sinnbilder des Wachstums, der Kreativität, der Selbstentfaltung, der Intuition, der Inspiration, der Unternehmungslust, der Erleuchtung und der Leidenschaft. Sie weisen auf die Zukunft hin, sind erfinderisch und bringen die Dinge in Bewegung.

Wenn Sie eine Stab-Karte ziehen, fragen Sie: „Was will ich genau? Wie kann ich meine Kreativität nutzen, um meine Wünsche zu erfüllen? Wo fange ich am besten an?"

Schlagwörter:

Tugenden:	Kreativität, Unternehmungslust, Leidenschaft
Untugenden:	Trotz, Unruhe, Starrsinn
Element:	Feuer
Stil:	explosiv, aktivierend, inspirierend
Eigenschaft:	Intuition
Windrichtung:	Süden
Jahreszeit:	Frühling
Visualisationen:	Kerzen, Flammen, Zündhölzer, Vulkane, phallische Objekte, Sonnenblumen, Katzen Salamander, , neues Leben in jeder Form

Münzen (Scheiben, Sterne, Pentakel, Karo)

Münzen sind mit der *Erde* verbunden und werden oft auch als (verzierte) Scheiben abgebildet. Sie symbolisieren nicht nur Geld und Wohlstand, sondern auch den „Lohn der Mühe", das Ergebnis einer Anstrengung. Münzen stehen für die Basis, auf der Sie mit beiden Füßen stehen (Traditionen, Sicherheit, Vertrauen, Durchsetzungsvermögen).

Wenn Sie eine Münzen-Karte ziehen, fragen Sie: „Was ist für mich wertvoll? Was gibt mir Sicherheit? Was macht mich unsicher? Was will ich erreichen?

Schlagwörter:

Tugenden:	Wissen, Ausdauer, (praktische) Einsicht, Wertvorstellungen, Analyse, Stabilität
Untugenden:	Spannung und (übermäßige) Besorgtheit, Sturheit, Besitzgier, Habsucht
Element:	Erde
Stil:	festigend, konsolidierend, einschränkend
Eigenschaft:	Wahrnehmung
Windrichtung:	Norden
Jahreszeit:	Winter
Visualisationen:	Geld (Münzen), Schalen, Scheiben, Berufe, Früchte (der Natur oder der Arbeit), Mutter Erde, Rinder, Kleinvieh

Schwerter (Klingen, Spaten, Pik)

Schwerter werden mit *Luft* assoziiert. Sie symbolisieren unsere geistigen Kräfte, die Vernunft und die Logik, Gedanken, den Intellekt, Gedankenaustausch und Kommunikation, aber auch problematische Fragen oder Konflikte, für die wir noch keine klare Lösung haben. Denken setzt Integrität voraus: Wir dürfen die Wahrheit nicht aus dem Auge verlieren.

Wenn Sie eine Schwert-Karte ziehen, fragen Sie: „Was beherrscht meine Gedanken? Vor welcher Aufgabe stehe ich? Welche Veränderungen und Maßnahmen sind unvermeidlich?

Schlagwörter:

Tugenden:	Durchdringen (zum Kern einer Sache), Mut, Gerechtigkeit, Organisationstalent, Kraft
Untugenden:	Unüberlegtheit, Vorurteile, Oberflächlichkeit, Verwirrung, Angst, Langeweile
Element:	Luft
Stil:	türmisch, kommunikativ, streitlustig
Eigenschaft:	Denken (Intellekt)
Windrichtung:	Osten
Jahreszeit:	Herbst
Visualisationen:	Wolken, Wind, Luft, alle scharfen Gegenstände (Messer, Glas, Klingen), Luftgeister, die vier Winde, Vögel

Kelche (Pokale, Fässer, Töpfe, Herz)

Kelche werden mit *Wasser* in Verbindung gebracht und mitunter auch als große Blumen (Lotos) abgebildet. Sie symbolisieren Gefühle, das Unbewusste, Sensibilität, Fantasie, Genussucht, Anmut und Heiterkeit. Sie lieben das Schöne, Freundlichkeit und Mystik und langweilen sich und andere nur selten. *Wenn Sie eine Kelch-Karte ziehen, fragen Sie:* „Für wen ist meine Liebe (vor allem) bestimmt? Wovor träume ich? Vertraue ich meinen Gefühlen?

Schlagwörter:

Tugenden:	Heiterkeit, Liebe, Fantasie, Empfindsamkeit, Charisma, Mitgefühl, schöpferisches Visualisieren
Untugenden:	Launenhaftigkeit, Exzesse, Sucht, seelische Probleme, Verwirrung, Benommenheit
Element:	Wasser
Stil:	fließend, wachsend, liebevoll
Eigenschaft:	Gefühl
Windrichtung:	Westen
Jahreszeit:	Sommer
Visualisationen:	Becher, Pokale, Wassermassen, die Gebärmutter, Blumen, der Phönix, Luftgeister, Delphine, Fische

Der Umgang mit dem Tarot

Bei der Arbeit mit dem Tarot sind einige Punkte zu beachten, um optimale Ergebnisse zu erzielen. Diese Aspekte sind bei jedem Menschen unterschiedlich, aber es gibt oft Übereinstimmungen.

Auf einige dieser Punkte möchte ich nachfolgend eingehen (es gibt natürlich noch mehr), zum Beispiel: *Wie erzeuge ich eine gute Atmosphäre für das Legen der Karten? Wie gehe ich mit den Karten um? Wie bewahre ich sie auf? Was hilft mir, die Kraft des Tarots optimal zu nutzen?*

Pendel, Edelsteine und Kristalle haben einen besonderen Platz neben dem Tarot. Sie helfen Ihnen, Hindernisse, Unklarheiten und andere Probleme beim Legen zu beseitigen.

Die Atmosphäre

Eine gute Atmosphäre ist beim Legen sehr wichtig, weil sie sowohl den Legenden als auch den Fragesteller aufmuntert und die Deutung erleichtert oder sogar vertieft. Sorgen Sie also immer für eine ruhige Umgebung ohne Störfaktoren wie Unruhe, Verkehrslärm oder ungünstig aufgestellte Möbel. Manchmal ist der Fragesteller nervös oder skeptisch. Dann sollten Sie ihm zuerst vom Tarot oder einem Erlebnis mit den Karten erzählen. Sanfte Hintergrundmusik schadet nicht, sofern sie dem Fragesteller zusagt und seine Konzentration nicht stört.

Die Aufbewahrung der Karten

Gehen Sie sorgsam mit Ihren Karten um. Lassen Sie sie nicht herumliegen, damit nicht jeder ungefragt damit „üben" kann und damit keine Karte beschädigt wird oder verloren geht.

Bewahren Sie die Karten immer am gleichen Ort auf, am besten in einer hübschen Schachtel. Wenn Sie die Karten intensiv benutzt haben und glauben, dass sie „Ruhe brauchen", packen Sie sie ordentlich ein und legen sie einige Zeit beiseite. Wenn Sie wollen, können Sie die Karten mit einem Edelstein oder Kristall reinigen oder mit neuer Energie laden. Lesen Sie dazu den Abschnitt über Edelsteine und Kristalle als Schutz und Energiequelle.

Pendeln bei schwierigen Entscheidungen

Jede Entscheidung wird vom Unbewussten gesteuert. Die Tarotkarten, die Sie ziehen oder auswählen, werden also letztlich vom Unbewussten ausgesucht. Um ihm dabei zu helfen und seine Signale zu verstärken, können Sie ein Pendel benutzen. Wenn Sie Karten mit dem Pendel auswählen, vergrößern Sie Ihre Wahlmöglichkeiten.

Ein Beispiel: Es kommt vor, dass Sie mit einer Antwort nichts anfangen können. Vielleicht verstehen Sie das Kartenbild nicht, oder seine Symbolik deutet in eine Richtung, der Sie nicht folgen können. Dann hilft Ihnen das Pendel, die Informationen und die Symbolik dennoch zu verstehen und zu deuten.

Das Pendel überbrückt nämlich die Kluft zwischen dem Unbewussten und der Symbolik des Tarots. Verwenden Sie es aber nur als Hilfsmittel, das Ihnen Einsichten vermittelt und eine optimale Deutung der Karten ermöglicht.

In welchen Situationen ist das Pendel nützlich?

- wenn die Karten Ihre Frage unvollständig oder vage beantworten
- wenn Sie Ihre Frage nicht klar formulieren können
- wenn Sie wissen wollen, ob Sie den Tarot gerade jetzt befragen sollen
- wenn Sie an der Deutung einer Karte zweifeln (es kann sein, dass eine Karte für Sie eine andere Bedeutung hat als die Tradition es will)
- wenn der Tarot, den Sie benutzen, nicht ganz zu Ihnen passt (die Antworten sind dann mehrdeutig oder unklar)

Edelsteine und Kristalle als Schutz und Energiequelle

Man schreibt Edelsteinen und Kristallen heilende, reinigende und Fantasie anregende Kräfte zu. Ihre neutralisierenden Eigenschaften sind ebenfalls nützlich, wenn Sie mit dem Tarot arbeiten: Sie können die Umgebung, in der Sie Karten legen, von negativen Schwingungen befreien und die Karten von hemmenden, trübenden oder gar belastenden Energien reinigen, die nach einer Sitzung für jemand anderen zurückgeblieben sind.

Wählen Sie einen Edelstein oder Kristall, der diese Eigenschaften in hohem Maße besitzt; denn das Entfernen negativer Energie kostet seinerseits Energie. Bergkristall und Quarz sind gut geeignet, weil sie eine starke positive Energie besitzen. Vergessen Sie nicht, auch den Stein von zurückgebliebenen Energien zu säubern, damit er frisch und schön bleibt. Am besten reinigen Sie einen Stein, indem Sie ihn eine halbe Stunde in fließendes Wasser legen (auch ein kleiner Wasserstrahl genügt).

Legen Sie den Stein nach dem Reinigen der Umgebung in die Nähe der Karten, zum Beispiel auf den Tisch, wo Sie die Karten auslegen. So bleibt die reinigende Wirkung erhalten. Vergessen Sie nicht, den Stein nach jedem Legen erneut zu reinigen.

Mit einem Edelstein oder Kristall können Sie auch Karten schützen und mit Energie laden. Legen Sie den Stein auf die Karten, wenn Sie diese nicht benutzen, und bewahren Sie alles zusammen in einer speziellen Schachtel auf.

Auch hier gilt: Sie müssen Edelsteine oder Kristalle nicht benutzen, und sie sind lediglich Hilfsmittel. Verwenden Sie die Steine so oft und so lange, wie Sie es für nützlich halten, und vertrauen Sie dabei Ihrer Intuition. Die Karten werden keinesfalls schwach oder beschädigt, wenn Sie sie häufig reinigen.

Das Legen der Karten

Vom Legen der Karten sind immer zwei Parteien betroffen: Der *Fragesteller* (Fragende), der die Karten zu Rate zieht, und der *Lesende* (Legende), der die Karten legt und liest (deutet). Natürlich können Sie die Karten auch für sich selbst legen; dann sind Sie Fragesteller und Lesender in einer Person.

Das Mischen

Zuerst müssen die Karten sorgfältig gemischt werden. Der Legende hält sie einige Zeit in der Hand und bittet dann den Fragesteller, sie zu mischen. Das muss ruhig und mit Bedacht, aber rhythmisch geschehen. Wiederholen Sie diese Prozedur einige Male, und lassen Sie die Karten dann „ausruhen", ehe Sie sie noch einmal mischen.

Von einer anderen bekannten Methode rate ich Kartenlegern ab, nämlich vom Mischen zweier Kartenstapel mit einer Daumenbewegung. Diese Methode ist zu stark.

Sie können selbst entscheiden, wie oft Sie die Karten mischen; tun Sie es aber in ruhigem Tempo. Achten Sie darauf, dass kein Karte auf dem Kopf steht. Sollte eine Karte herunterfallen, stecken Sie sie „aufrecht" wie alle anderen zurück.

Das Ziehen

Der Fragesteller wählt die Karte aus, und der Legende verteilt sie vor ihm und deutet sie. Wenn der Fragesteller nicht wählen kann oder will, kann der Legende diese Aufgabe übernehmen. Ziehen Sie die Karten mit der linken Hand (wenn Sie Linkshänder sind, mit der rechten), also mit der *Hand des Unbewussten.*

Das Legen und Deuten

- Legen Sie die Karten mit dem Bild nach unten gemäß Ihrem System auf den Tisch.
- Drehen Sie die Karten nacheinander langsam und andächtig um.
- Verweilen Sie bei jeder Karte, und nehmen Sie das Bild in sich auf. Achten Sie auf die Position jeder Karte, aber hüten

Sie sich vor zu schnellen oder unüberlegten Schlussfolgerungen, vor allem wenn Sie eine Vorliebe für oder Abneigung gegen bestimmte Bilder oder Namen spüren.

- Nehmen Sie das Bild und die Positionen in sich auf, und versuchen Sie, das Gesamtbild zu sehen.
- Deuten Sie eine Karte im Zweifel an der Stelle, die sie einnimmt. Tun Sie das so lange, bis Sie denken: „Weiter komme ich nicht; das muss es sein."
- Lassen Sie das Gesamtbild noch einmal auf sich einwirken, und versuchen Sie, darin eine schlüssige Geschichte zu entdecken.
- Notieren Sie die Positionen der Karten, das Datum und die ursprüngliche Frage.
- Bewahren Sie Ihre Notizen auf, und vergleichen Sie sie nach einiger Zeit miteinander. Achten Sie zum Beispiel darauf, welche Karte bei welcher Frage häufig erscheint, welche nie auftaucht usw. So erlangen Sie größere Einsicht in die Bedeutung der Karten und in die Entwicklung Ihrer Deutungskünste.

Bei der Beschreibung der Karten (siehe Kapitel „Die 78 Karten des Tarots" auf Seite 33 u.f.) werden die Karten gedeutet, als symbolisierten sie die Hauptperson oder den Fragesteller („Sie sind ..."). Das ist natürlich nicht immer der Fall, sondern es hängt von der *Position* der Karten im Legesystem ab. Es kann also sein, dass eine Karte in einer bestimmten Position und in einem bestimmten System nicht den Fragesteller, sondern seine *Umgebung*, seine *Motive* usw. symbolisiert.

Das Legen und das Legesystem

Es gibt viele Legesysteme (oder Legemethoden). Die meisten zielen auf spezifische Fragen ab. Die Systeme, die ich nachfolgend beschreibe, werden oft benutzt und liefern klare Ergebnisse.

Das Keltische Kreuz

Der Ursprung des Tarots ist wahrscheinlich in Italien zu suchen; aber die älteste bekannte Legemethode stammt aus Irland. Dieses System ist als *Keltisches Kreuz* bekannt. Keltische Kreuze sind überall in Irland zu sehen. Diese Steinkreuze sind manchmal fünf bis sechs Meter hoch und mit endlosen magischen Spiralmustern verziert.

Das *Keltische Kreuz* wird häufig gelegt, weil man dafür nur wenige Karteb benötigt und dennoch viele Informationen bekommt, selbst wenn man die Karten nur ein einziges Mal legt. Der waagrechte Balken des Kreuzes steht für das Materielle und Irdische; der senkrechte Balken symbolisiert das Spirituelle und das Bewusstsein.

Alle *Dualitäten* (Geist/Materie, Bewusstsein/Unterbewusstsein, Logik/Intuition, männlich/weiblich) vereinigen sich im Kreuz, das dadurch zu einer Art *magischem Knoten* wird.

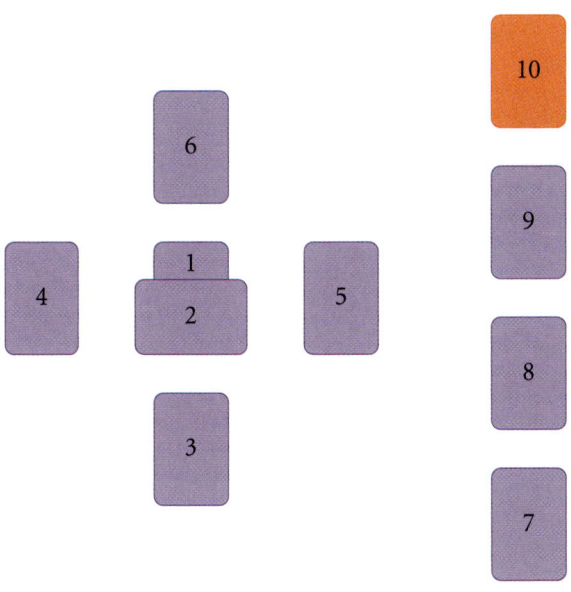

Die zehn Karten symbolisieren gemeinsam *Vollendung:* Die Zehn bringt uns zur Eins zurück, und der Kreislauf der Ereignisse geht auf einer höheren Ebene weiter. (Vergleichen Sie damit das Schicksalsrad: Jeder Punkt auf dem Rad ist sowohl ein Anfang als auch ein Ende.)

Die ersten zwei Karten dieser Legung bilden das *Zentrum* des Kreuzes und symbolisieren die Elemente Luft und Erde. Die folgenden vier Karten stehen für die vier *Himmelsrichtungen* und die letzten vier formen die *Leiter.*

Sie können die Karten nacheinander ziehen oder alle zugleich (dann die obersten zehn des Stapels). Die ersten beiden Karten sind die wichtigsten, weil sie die derzeitige Situation des Fragestellers widerspiegeln, das Ergebnis vergangener Einflüsse und die Motive für das zukünftige Handeln. Die übrigen acht Karten eröffnen verschiedene Deutungsmöglichkeiten:

Karte 1: die Umgebung im Allgemeinen (das, was Sie derzeit schützt)

Karte 2: was Sie auf Ihrem Weg finden: einen Konflikt oder eine Hürde

Karte 3: die Grundlage der Situation, Ihre Erfahrung, aber auch unbewusste Motive (die *Auslöser* der Frage)

Karte 4: was eindeutig hinter Ihnen liegt, das Vergangene

Karte 5: Ihre Ziele und Ideale; das Beste, was Sie unter den jetzigen Umständen erreichen können

Karte 6: was vor Ihnen liegt, die nahe Zukunft

Karte 7: wie Sie sich selbst sehen

Karte 8: das Umfeld (Heim, Familie, Freunde, Beruf usw.)

Karte 9: Hoffnungen und Ängste auf dem Weg zum Ziel, Ihre Reaktion auf künftige Ereignisse

Karte 10: das Ergebnis, das Sie zu erwarten haben, der Lohn *(die „Karte der Kulmination")*

Die Drei-Karten-Methode

Gerade weil dieses System so einfach ist, gibt es Ihnen einen guten Einblick in Ihre Motive. Diese Methode ist tiefgründiger, als sie auf den ersten Blick aussieht! Die drei Karten zeigen Sie, Ihre Situation und Ihr Handeln aus verschiedenen Blickwinkeln:

- drei Ebenen Ihres *Selbst:* Körper, Verstand und Geist
- drei Aspekte Ihrer *Situation:* die *Situation jetzt,* neue *Möglichkeiten* (sie können das Gegenteil der jetzigen Situation sein), Ihre *Einstellung* und Ihr *Handeln* (der Übergang von der jetzigen zur neuen Situation)
- drei Arten des *Handelns* auf der Grundlage Ihrer Erfahrung *(Vergangenheit),* Ihrer jetzigen Haltung *(Gegenwart)* und Ihrer Erwartungen *(Zukunft)*

Mischen Sie die Karten, und teilen Sie sie in drei Stapel. Geben Sie diesen drei Stapeln von links nach rechts ihre *Grundbedeutung,* zum Beispiel *Körper, Verstand* und *Geist* (oder eine andere Dreiheit; siehe oben). Wählen Sie drei Karten aus, indem Sie von jedem Stapel die oberste Karte abheben. Deuten Sie dann die Karten anhand ihrer *Grundbedeutungen.*

Die *Drei-Karten-Methode* eignet sich auch für ein *Tarot-Tagebuch.* Ziehen Sie drei Karten (am besten morgens), und schreiben Sie ihre Namen in Ihr Tagebuch. Denken Sie im Laufe des Tages gelegentlich darüber nach, ob die Karten Ihnen etwas Wichtiges mitteilen wollten. Abends blicken Sie auf den Tag zurück und notieren, was Ihnen aufgefallen ist — auch die Rolle, welche die Karten dabei gespielt haben.

Das Hufeisen (7 Karten)

Der Fragsteller mischt die Karten, wählt sie aber nicht aus. Der Legende zieht die Karten und legt sie so auf den Tisch, dass sie ein Hufeisen bilden (siehe unten). Dann dreht er eine nach der andere um und deutet sie:

Karte 1: die nahe und ferne *Vergangenheit*
Karte 2: die Gegenwart, das *Hier und Jetzt*
Karte 3: die nahe *Zukunft*
Karte 4: die Antwort auf die Frage
Karte 5: die Einstellung eines Menschen in der Umgebung des Fragestellers, der mit der Frage zu tun hat
Karte 6: ein Hindernis (wenn es eine günstige Karte ist, wird das Hindernis leicht überwunden; ist diese Karte ungünstig, gibt sie an, welches Hindernis vorhanden ist oder droht)
Karte 7: das Ergebnis, die Essenz der ersten sechs Karten *(die Kulminationskarte)*

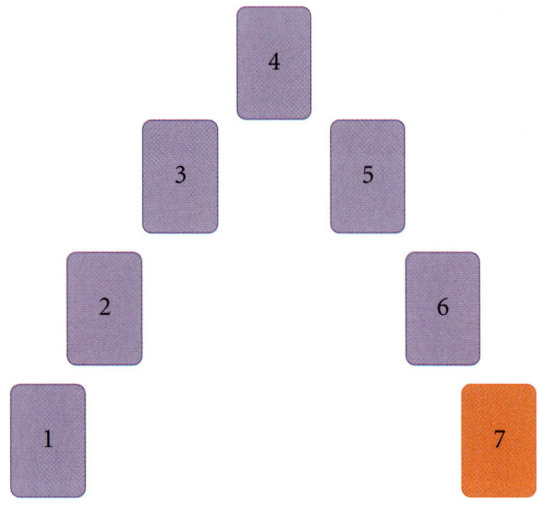

Das Kreuz der Bestimmung (13 Karten)

Mit dem *Kreuz der Bestimmung* können Sie tiefer in Ihr Selbst, Ihre Chancen und Hindernisse eindringen.

Mischen Sie die Karten gut, und legen Sie sie mit der „unbewussten" Hand so auf den Tisch, dass sie ein Kreuz bilden (siehe unten). Beachten Sie, dass die Karten hier in einer bestimmten Reihenfolge gelegt, aber in einer anderen gedeutet werden.

Karte 4:	das körperliche Selbst *(Id)*
Karte 5:	das geistige Selbst (*Ego*)
Karte 6:	das moralische Selbst *(Superego)*
Karten 7-13:	die Höhepunkte in Ihrem Leben
Karte 2:	Ihr *Karma* (die „Lebenslektion")
Karte 3:	das Ergebnis *(die Kulminationskarte)*

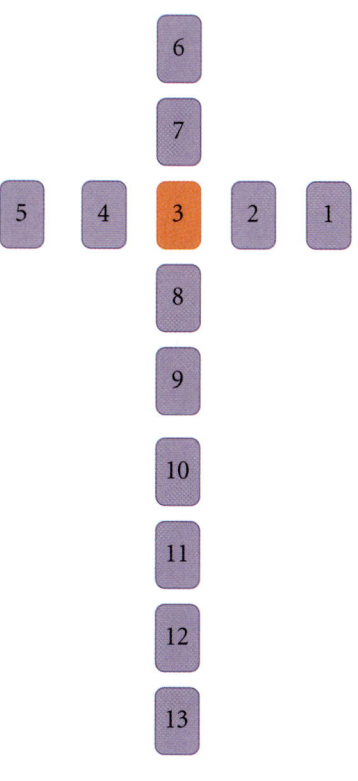

Dr. Zodiak (alle Karten)

Diese Methode ist zu empfehlen, wenn Sie Fragen zu Ihrer Gesundheit haben, und wie der Name andeutet, wird hier ein Zusammenhang zwischen den zwölf Tierkreiszeichen und den Körperteilen hergestellt.

Es ist eine sehr zuverlässige Methode mit zwei Varianten: Sie legen entweder eine Karte auf eine Position (1 bis 12), und zwar sechs Mal, oder Sie legen sechs Karten auf eine Position. Die letzte Karte kommt auf Position 13.

Gedeutet wird immer der *Stapel*, beginnend beim *Widder*. Drehen Sie den ganzen Stapel um, und interpretieren Sie die Karten intuitiv. Achten Sie darauf, ob mehr *positive* oder mehr *negative* Karten vorhanden sind.

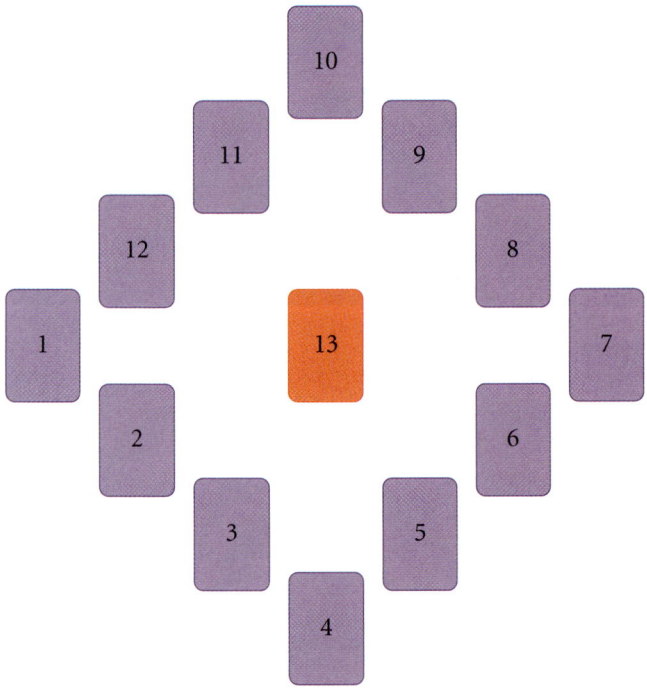

Viele *positive* Karten bedeuten, dass der Fragesteller sich keine Sorgen um seine Gesundheit zu machen braucht.

Viele *negative* Karten aus den *Kleinen* und *Großen Arkanen* lassen darauf schließen, dass die Beschwerden *psychosomatischer* Art sind.

Viele *Schwerter* in Verbindung mit *Hofkarten* (König, Königin, Ritter, Bube) sind ein Indiz für *psychische* Krankheiten.

Die 13 Stapel haben folgende Bedeutung:

Stapel 1:   Kopf und Schultern *(Widder)*
Stapel 2:   Kehle *(Stier)*
Stapel 3:   Bronchien, Schlüsselbeine, Finger, Arme, Nerven *(Zwillinge)*
Stapel 4:   Brust und Bauch *(Krebs)*
Stapel 5:   Herz, Seiten des Körpers, oberer Rücken *(Löwe)*
Stapel 6:   Darm, Sonnengeflecht *(Jungfrau)*
Stapel 7:   Nieren, unterer Rücken *(Waage)*
Stapel 8:   Geschlechtsorgane, Becken, Blase *(Skorpion)*
Stapel 9:   Hüften, Oberschenkel, Leber *(Schütze)*
Stapel 10: Knie, Skelett *(Steinbock)*
Stapel 11: Waden, Knöchel, Flüssigkeitshaushalt *(Wassermann)*
Stapel 12: Füße, Psyche *(Fische)*
Stapel 13: allgemeine Gesundheit *(Kulminationskarte)*

Der dreizehnte Stapel (in der Mitte) gibt Auskunft über den *allgemeinen Gesundheitszustand des Fragestellers;* darum überlagert er immer die Stapel der einzelnen Körperteile. Er vermittelt zudem einen Einblick ins ganze Leben und deckt scheinbare Widersprüche auf. Wer beispielsweise als Kind oft krank war, kann als Erwachsener kerngesund sein.

Kartenlegen im Mittelalter

Die 78 Karten des Tarots

Die 22 Karten der Großen Arkanen

Gebrauchte Abkürzungen:

AZ = Astrologische Zuordnung

▲   *= Aufrecht*

▼   *= Umgekehrt*

I Der Magier – The Magician

AZ: Widder, Merkur, Feuer

Wie liegt die Karte auf dem Tisch?

▲ Sie können sich gut auf ein Ziel konzentrieren. Sie sind klug, verspielt und geschickt, was Ihnen hilft, Pläne in die Tat umzusetzen.

▼ Sie haben unrealistische Ziele. Obwohl Sie es „faustdick hinter den Ohren" haben, fehlt Ihnen die Willenskraft. Manipulation.

Eigenschaften

Sie sich eine heimliche Führernatur und ziehen die Fäden im Hintergrund. Ihr Organisationstalent macht Sie zum „starken Mann". Sie sind offen und ehrlich, der männliche Archetyp.

Vorhersage

Sie sind für andere ein inspirierendes Vorbild und ein Lehrer. Dank Ihrer (unauffälligen) Hilfe kommen auch andere voran.

Liebe und Beziehungen

Sie sind eher egozentrisch, und aufregende Abenteuer liegen Ihnen nicht. Aber Sie lenken die Aufmerksamkeit, die man Ihnen (vor allem wegen Ihrer hohen gesellschaftlichen Position) schenkt, in die richtigen Bahnen.

Arbeit und Geld

Sie sind ehrgeizig und professionell; darum genießen Sie hohes Ansehen. Sie lieben Ihre Selbständigkeit und nehmen die Vorbereitung und Durchführung Ihrer Pläne am liebsten selbst in der Hand.

Worauf müssen Sie achten?

Missbrauchen Sie Ihr Talent nicht für zwielichtige Unternehmungen. Sie reagieren heftig auf Manipulationsversuche.

II Die Hohepriesterin – The High Priestess

AZ: Stier, Steinbock, Mond, Erde
Wie liegt die Karte auf dem Tisch?

▲ Sie lieben spirituelle oder mystische Weisheit. Wenn Sie Probleme lösen, richten Sie sich zwar nach hohen Idealen, bleiben aber objektiv.

▼ Unerwartete Schwierigkeiten können negative Veränderungen auslösen. Sie werden verbittert und unglücklich.

Eigenschaften

Sie sind sich des Mysteriösen im Leben bewusst: der natürlichen Rhythmen und Zyklen, der Intuition, der Vereinigung des Bewussten mit dem Unbewussten. Sie strahlen Weisheit und innere Ruhe aus. Sie sind ein weiblicher Archetyp.

Vorhersage

Veränderungen kommen auf Sie zu, wahrscheinlich positive. Sie interessieren sich für die sich ständig verändernde Welt des Verborgenen und des geheimen Wissens.

Liebe und Beziehungen

Die platonische Liebe kommt in Ihrem Leben häufig vor. Sie sind meist eine Mutterfigur. Das gefällt Ihnen, denn Sie schrecken vor ernsthaften Beziehungen zurück.

Arbeit und Geld

Sie lieben Überfluss und Luxus und sind bereit, hart dafür zu arbeiten, da Sie eine echte Karrierefrau sind.

Worauf müssen Sie achten?

Schlechter Humor, Angstgefühle, Launenhaftigkeit und Mangel an Einsicht erschweren die Kommunikation. „Der Wunsch ist der Vater des Gedankens."

III Die Herrscherin – The Empress

AZ: Zwillinge, Venus, Luft
Wie liegt die Karte auf dem Tisch?

▲ Sie können Liebe geben und empfangen. Kreativität, Wachstum, Glück, Überfluss.

▼ Emotionale Probleme. Sie können keine Liebe geben oder annehmen. Kein Wachstum. Scheidung.

Eigenschaften

Sie vereinigen Gegensätze in sich: Geist und Materie, inneren und äußeren Reichtum, Wissen (oder Intelligenz) und Verständnis. Sie wollen unabhängig sein, aber Sie sind auch häuslich.

Vorhersage

Einschneidende Veränderungen (z. B. Umzug), weite Reisen, ein aufregendes Abenteuer.

Liebe und Beziehungen

In einer Beziehung scheinen Sie den Ton anzugeben; aber im Grunde sind Sie sanftmütig. Sie haben Ihre Familie gerne um sich und verabscheuen Streit.

Arbeit und Geld

Schwierige Probleme oder komplexe Sachverhalte erfordern Hilfe von außen. Dadurch kommt alles zu einem guten Ende.

Worauf müssen Sie achten?

Versuchen Sie nicht, Pläne in die Tat umzusetzen, ohne sich vorher gut zu informieren. Stillstand, Trägheit, Ärgernis. Nicht aufzuhalten.

IV Der Herrscher – The Emperor

AZ: Widder, Steinbock, Stier, Feuer, Erde
Wie liegt die Karte auf dem Tisch?

▲ Sie sind unabhängig, intuitiv und intelligent. Sie erzielen Ergebnisse. Eine Autorität oder eine Vaterfigur.

▼ Sie sind instabil, unvernünftig und abhängig. Pläne scheitern. Scheidung.

Eigenschaften

Sie schätzen Ordnung und Regelmäßigkeit. Sie sind nüchtern und stabil, ein Fels in der Brandung. Mit Ihrem Geld richten Sie sich häuslich ein, aber Sie erreichen auch eine hohe Position.

Vorhersage

Sie streben eine hohe Position an, um Ihre Macht und Kraft zu nutzen.

Liebe und Beziehungen

Sie sind die Vaterfigur, die „Mutterglucke", aber auch der Tyrann mit guten Absichten. Sie sind treu und ziemlich berechenbar, aber auch etwas langweilig.

Arbeit und Geld

Sie sind ein Materialist. Sie wissen, wie Sie etwas bekommen oder beherrschen. Materielle Probleme werden gelöst. Besitz geht verloren.

Worauf müssen Sie achten?

Juristische Probleme drohen. Unruhe, Arroganz und Gewissenlosigkeit sind Ihre Schwächen.

V Der Hierophant – The Hierophant

AZ: Skorpion, Stier, Wasser, Erde
Wie liegt die Karte auf dem Tisch?

▲ Sie sind eine „Lehrerfigur": Sie verkörpern Gehorsam und die Regeln der Gesellschaft.

▼ Sie hören nicht auf Ihre Intuition und wollen nichts von Traditionen wissen. Sie machen eine Identitätskrise durch.

Eigenschaften

Sie sind ein willensstarker, kluger Lehrer oder geistiger Führer. Sie befassen sich mit spirituellen Mächten und Kräften und verhelfen anderen zu spirituellem Wissen.

Vorhersage

Sie suchen ständig nach dem heiligen Gral und nach sich selbst. Sie wollen neue innere und spirituelle Ebenen kennen lernen.

Liebe und Beziehungen

Sie packen Probleme auf ungewöhnliche Art und Weise an; dennoch halten Sie viel von den Traditionen Ihrer Familie.

Arbeit und Geld

Sie lassen sich von Ihren Wünschen inspirieren. Geld kommt erst an zweiter Stelle. Das Geld stellt sich meist von selbst ein, wenn auch nicht viel.

Worauf müssen Sie achten?

Verlust des Selbstvertrauens. Besserwisser, falscher Prophet, Guru. Scheinheiligkeit und Hinterhältigkeit.

VI Die Liebenden – The Lovers

AZ: Zwillinge, Waage, Luft
Wie liegt die Karte auf dem Tisch?

▲ Sie streben immer nach Harmonie und nach der richtigen Entscheidung. Sie können gut kommunizieren und arbeiten daher gut mit anderen zusammen.

▼ schlechte Zusammenarbeit, falsche Entscheidung, Kommunikationsprobleme. Sie sind neugierig und mischen sich in alles ein.

Eigenschaften

Sie treffen meist die richtigen Entscheidungen; darum fällt es Ihnen schwer, andere entscheiden zu lassen.

Vorhersage

Sie nähern sich einem Kreuzweg im Leben und müssen sich entscheiden. Seien Sie ehrlich, und schauen Sie der Wahrheit ins Gesicht.

Liebe und Beziehungen

Amor zielt oft auf Sie, und Sie lieben die Romantik. Liebe macht blind, aber in einem klaren Augenblick können Sie eine Beziehung beenden, die Sie einengt.

Arbeit und Geld

Wichtige Entscheidungen, unerwartete und (manchmal) schlecht durchdachte Projekte mit unsicherem Ausgang.

Worauf müssen Sie achten?

Zu viel Vertrauen wird leicht enttäuscht. Unsicherheit, Untreue, Unzuverlässigkeit, Lügen.

VII Der Wagen – The Chariot

AZ: Schütze, Waage, Feuer, Luft

Wie liegt die Karte auf dem Tisch?

▲ Sie sind emotional und sensitiv, aber Sie schützen sich selbst und finden dadurch zum Gleichgewicht.

▼ Ihr Selbstschutz ist gefährdet. Erpressung mit Gefühlen. Eine zweifelhafte Niederlage.

Eigenschaften

Sie schätzen Einigkeit und Entschlossenheit. Sie sind diplomatisch und sozial engagiert. Sie wollen alles ganz genau wissen. Sie wollen, dass Ihre Mühe und die der anderen belohnt wird, und sind bereit, dafür viel zu tun.

Vorhersage

Ein langer Weg führt nach großer Anstrengung zum Erfolg. Oder: Ein unerwartet schlechtes Ergebnis, ein Verlust, obwohl Sie mit einem Erfolg gerechnet haben.

Liebe und Beziehungen

Ehe und Freundschaft bedeuten Ihnen viel. Aber Sie geraten auch oft in Streit, weil Sie Gefühle nicht verstehen.

Arbeit und Geld

Sie sollen etwas genauer untersuchen. Treffen Sie nach langem Überlegen und Abwägen die sicherste Entscheidung, nicht die finanziell verlockendste.

Worauf müssen Sie achten?

Streit, Egoismus, Depressionen, Selbstüberschätzung, Misserfolg, Probleme wegen eigener Fehler.

VIII Kraft – Strength

AZ: Löwe, Erde

Wie liegt die Karte auf dem Tisch?

▲ Sie nutzen Ihre psychologische Einsichten, um andere zu führen und um sich selbst zu beherrschen.

▼ Mangel an Selbsterkenntnis führt zu Egoismus, Eitelkeit, Habsucht, Groll und Gewalttätigkeit.

Eigenschaften

Sie sind liebevoll. Ihre Selbsterkenntnis gewährleistet Harmonie. Sie sind innerlich stark und haben den Mut, sich selbst unter die Lupe zu nehmen. Sie streben nach Selbsterkenntnis und haben Selbstachtung.

Vorhersage

Möglicherweise endet eine hektische Phase. Stellen Sie sich auf unerwartete, komplexe Situationen ein. Aber auch unverdienter Erfolg ist denkbar.

Liebe und Beziehungen

Sie sind anspruchsvoll und wollen alles oder nichts. Dabei vergessen Sie oft, dass das nicht so einfach ist. Sie können sehr tyrannisch sein.

Arbeit und Geld

Genaue Prüfung auf allen Ebenen kann zu großen Erfolgen führen. Gute Chancen winken. Sie sind aber auch gewissenlos.

Worauf müssen Sie achten?

Machtgier, Gewalt, Hass, Arroganz, Verwöhntheit.

IX Der Eremit - The Hermit
AZ: Jungfrau, Schütze, Erde, Feuer
Wie liegt die Karte auf dem Tisch?

▲ Sie sind geduldig und sorgfältig und wollen alles genau wissen. Sie nehmen auch sich selbst unter die Lupe und sind an Ergebnissen orientiert.

▼ Sie lernen nicht aus Ihren Fehlern und befolgen keine Ratschläge. Einsamkeit. Ein Hypochonder.

Eigenschaften
Sie sind ein spirituell Suchender und zugleich ein Lehrer. Sie besitzen Lebenserfahrung und eine überzeugende Einstellung zum Leben. Einsamkeit und Transformation sind typisch für Sie.

Vorhersage
Sie streben nach spiritueller Einheit und Erleuchtung. Nicht nur Ehrlichkeit währt am längsten.

Liebe und Beziehungen
Ihre Beziehungen sind von Ausgewogenheit und Toleranz geprägt. Sie geben einander viel Raum, im buchstäblichen wie im übertragenen Sinne.

Arbeit und Geld
Geld ist nicht wichtig. Sie brauchen keinerlei materielle Belohnungen. Aber Sie müssen achtsam bleiben, denn eine Entlassung, ein Konkurs oder ein geschäftlicher Rückschlag können auch Ihnen das Leben schwer machen.

Worauf müssen Sie achten?
Ziehen Sie sich nicht zu sehr zurück. Misstrauen aus Unwissenheit, Angst vor dem Wandel, Entfremdung, Einsamkeit, Gefangenschaft.

X Rad des Schicksals — Wheel of Fortune

AZ: Steinbock, Jupiter, Erde
Wie liegt die Karte auf dem Tisch?
▲ Ein Glücksfall, Ausbreitung, gutes Timing.
▼ Wiederkehrende Probleme, aufgeschoben ist aufgehoben, nachgiebig gegen sich selbst, schlechtes Timing.

Eigenschaften

Gegensätze prägen Ihr Leben. Unerwartete Vorteile oder Nachteile sorgen für Veränderungen. Reagieren Sie kreativ auf unerwartete Ereignisse.

Vorhersage

Dies ist der richtige Augenblick: Jetzt oder nie! Ein Durchbruch steht bevor. Gute Chancen kommen auf Sie zu — ergreifen Sie sie!

Liebe und Beziehungen

Gegensätze bestimmen auch Ihre Beziehungen. Es gibt immer Höhen und Tiefen. Unerwarteten und flüchtigen Begegnungen weichen Sie nicht aus. Oberflächlichkeit.

Arbeit und Geld

Sie spekulieren und spielen gerne. Alte Investitionen tragen unerwartete Früchte.

Worauf müssen Sie achten?

Verlieren Sie nicht Ihre Abenteuerlust. Inaktiv, lebensmüde, ergeben, gelassen.

XI Gerechtigkeit – Justice

AZ: Skorpion, Waage, Wasser, Luft
Wie liegt die Karte auf dem Tisch?

▲ Sie können überzeugen. Sie entscheiden kraftvoll und korrekt. Gerechte Verträge. Verdienter Lohn.

▼ Ungerechtigkeit, Rücksichtslosigkeit, Mangel an Zusammenarbeit.

Eigenschaften

Sie verabscheuen Unrecht und Unehrlichkeit. Unerwarteten Ereignissen begegnen Sie objektiv und einsichtsvoll. Sie nehmen Ihr Schicksal an und haben Respekt vor Autorität.

Vorhersage

Es kommt darauf an... Die Folgen können positiv, aber auch negativ sein. Achten Sie auf die Umstände und auf alle wichtigen Faktoren!

Liebe und Beziehungen

Sie sind sehr tolerant. Sie akzeptieren nicht nur die Fehler des Partners, sondern auch die Situation. Ihr Motto lautet: „Es ist, wie es ist."

Arbeit und Geld

Unter günstigen Umständen können Sie mit finanziellem Gewinn rechnen. Aber Sie können auch durch mangelnde Flexibilität und fehlendes Anpassungsvermögen Ihren Besitz oder Ihre Position verlieren.

Worauf müssen Sie achten?

Falsche Beschuldigungen kümmern Sie nicht; aber Gleichgültigkeit bringt Sie nicht weiter. Scheinheiligkeit, Unehrlichkeit, Bestechung.

XII Der Gehängte – The Hanged Man

AZ: Fische, Neptun, Wasser

Wie liegt die Karte auf dem Tisch?

▲ Setzen Sie Prioritäten. Warten auf günstigere Bedingungen. Träume, Illusionen.

▼ Eigendünkel und Eigensinn versperren den Weg. Sie befolgen keinen Rat.

Eigenschaften

Ein deutlicher Wandel steht bevor, und er ist nicht unbedingt negativ. Nur Ihr Selbstmitleid verhindert, dass Träume wahr werden. Durchbrechen Sie den Kreislauf negativer Gedanken!

Vorhersage

Ihre Situation verändert sich erheblich. Sind Sie bereit, sich ins Unvermeidliche zu fügen?

Liebe und Beziehungen

Eine neue Phase in einer Beziehung; diese wird tiefer oder verflacht. Scheidung oder ein neuer Partner.

Arbeit und Geld

Allerlei Veränderungen sind möglich, vom Konkurs bis zu einem neuen Geschäft, von der Entlassung bis zu einem neuen Vertrag oder Gehaltserhöhung. Aber nicht alle Pläne lassen sich verwirklichen.

Worauf müssen Sie achten?

Selbstaufopferung, Verlust des Realitätssinnes, Panik, Isolierung, ein chronisches Leiden.

XIII Der Tod – Death

AZ: Skorpion, Steinbock, Wasser, Erde

Wie liegt die Karte auf dem Tisch?

▲ Ein Durchbruch, ein Bruch mit der Vergangenheit, Wachstum in eine neue Richtung, Befreiung.

▼ Eine Bewegung, (vorübergehender) Stillstand.

Eigenschaften
Wiederkehrende Ereignisse, zum Beispiel der Lebenszyklus (Geburt, Tod, Wiedergeburt usw.). Sie sind mit den Mysterien des spirituellen Seins verbunden. Lassen Sie sich aber nicht ständig davon (ver)leiten.

Vorhersage
Meist positive Veränderungen. Aber auch das Ende einer Zusammenarbeit oder das Scheitern eines Planes.

Liebe und Beziehungen
Eine Situation ändert sich. Eine neue Liebe? Sinnlichkeit ist ein Merkmal der Veränderung.

Arbeit und Geld
Sie haben alles gut vorbereitet: Wer sät, soll ernten. Ihre Investitionen lohnen sich. Handeln Sie klar, sonst müssen Sie mit einer Enttäuschung rechnen.

Worauf müssen Sie achten?
Depressionen, Schwermut, Angst, verlassen zu werden. Sie fürchten sich vor der Autorität und sind leicht einzuschüchtern.

XIV Mäßigkeit – Temperance

AZ: Schütze, Waage, Feuer, Luft
Wie liegt die Karte auf dem Tisch?

▲ Sie sind begeistert und aufgeschlossen. Sie packen Aufgaben erfolgreich an.

▼ Sie lassen sich verführen. Übersteigertes Verhalten. Falsches, chaotisches Herangehen an wichtige Projekte.

Eigenschaften
Sie wissen, dass Sie ab und zu Wasser in den Wein schütten müssen, und das fällt Ihnen nicht schwer. Sie respektieren andere und suchen einen Kompromiss zwischen Gegensätzen. Kräfte vereinigen sich.

Vorhersage
Nach heftigen Gefühlen ist es Zeit für eine Neubesinnung. Nehmen Sie, wenn nötig, Urlaub.

Liebe und Beziehungen
„Nach Regen kommt Sonnenschein": Nach einem Missverständnis oder Streit wächst das Verständnis und stärkt die Beziehung.

Arbeit und Geld
Hüten Sie sich vor großen Plänen und hastigen Investitionen. Achten Sie auf die Umstände und die wichtigsten Faktoren im Spiel.

Worauf müssen Sie achten?
Langeweile, Stillstand, Gereiztheit, Mangel an Selbstvertrauen. Sie verlieren die Geduld wegen einer Kleinigkeit.

XV Der Teufel – The Devil

AZ: Skorpion, Steinbock, Erde, Wasser
Wie liegt die Karte auf dem Tisch?

▲ Angst vor echten oder eingebildeten Feinden. Widerstand. Sie sind ein Pessimist.

▼ Befreiung von Ängsten, Feinden oder dem Gefühl, jemand sitze Ihnen im Nacken. Sie sind ein Schmarotzer.

Eigenschaften

„Der Teufel hat viele Gesichter", und eines davon ist Ihres. Entdecken Sie das Böse in sich: Schauen Sie in den Spiegel, ohne zu erschrecken. Lebensmut, Begierde, Leidenschaft. Sie jagen einem Traum nach. Sie geraten außer sich.

Vorhersage

Folgen Sie dem Weg der Verführung bis zum Ende. Essen Sie von den verbotenen Früchten, und lernen Sie daraus.

Liebe und Beziehungen

Ihre Leidenschaft ist zu heftig; sie führt Sie auf Höhen und in Tiefen — und zum endgültigen Bruch. Karmische Beziehungen scheitern.

Arbeit und Geld

Verlockungen führen zu falschen oder übereilten Entscheidungen und rufen Widerstand hervor.

Worauf müssen Sie achten?

Machtkonflikte, Unterdrückung, Zwangshandlungen. Begreifen Sie, dass das Leben viele Aspekte hat.

XVI Der Turm – The Tower

AZ: Widder, Mars, Feuer

Wie liegt die Karte auf dem Tisch?

▲ Schrecken und Erschütterung, Wut und Enttäuschung. Eine Situation entwickelt sich zu einer Krise oder zu einem Konflikt.

▼ Eine lösbare Krise, erwartete Veränderungen, eine realistisch betrachtete Situation, ein kleiner Schaden.

Eigenschaften

Die Türme von Babylon (Verwirrung und Verwüstung). Sie wollen mit einem Projekt beginnen, das keinesfalls durchführbar ist. Völlige Verwüstung auf allen Ebenen: Alles, was Sie aufgebaut haben, schmilzt wie Schnee an der Sonne.

Vorhersage

Missgeschicke überall: Alles droht zu misslingen. Wenn Sie sich anstrengen, können Sie aber weiteres (materielles) Unglück verhindern.

Liebe und Beziehungen

Ein Streit führt zur endgültigen Trennung. Die Atmosphäre im Haus ist vergiftet, und es besteht wenig Hoffnung auf schnelle Abhilfe.

Arbeit und Geld

Eine Beförderung bleibt aus. Herabstufung oder Entlassung nach Konkurs.

Worauf müssen Sie achten?

Selbstzerstörung, sinnlose Gewalt, Unglück, Untergrabung. Lassen Sie Ihre Ratlosigkeit nicht an sich selbst aus. Schützen Sie sich selbst.

XVII Der Stern – The Star

AZ: Wassermann, Jupiter, Luft

Wie liegt die Karte auf dem Tisch?

▲ Sie vergeuden Energie mit Sehnsüchten und Utopien.

▼ Enttäuschung, unerfüllbare Träume, Depressionen, Unsicherheit.

Eigenschaften

Ein einsamer Stern am Himmel spendet sich und anderen Licht. Selbstverwirklichung. Sie nutzen Ihre Energie und Ihre Talente.

Vorhersage

Der Vorabend eines wichtigen Neubeginns. Befassen Sie sich mit den akuten Problemen. Werden Sie nicht nervös, und geraten Sie nicht in Panik.

Liebe und Beziehungen

Die Beziehung ist gut, aber die Partner wollen etwas anderes haben, ohne miteinander darüber zu reden. Die Liebe siegt.

Arbeit und Geld

Ein großes Projekt scheitert, oder eine Beförderung bleibt aus. Stagnation. Aber auch Hoffnung und neue Einsicht.

Worauf müssen Sie achten?

Mangel an Vertrauen, Melancholie, Aussichtslosigkeit. Sie sind ein Hohlkopf.

XVIII Der Mond – The Moon
AZ: Fische, Mond, Wasser
Wie liegt die Karte auf dem Tisch?

▲ Sie werden von Gefühlen überwältigt. Instinktives Verhalten, Freundlichkeit, Mitleid, Hilfsbereitschaft.

▼ Sie sind verwirrt. Rausch, Sucht, Abhängigkeit, Absonderung, Instabilität.

Eigenschaften
Sie neigen zu zweideutigem Verhalten (zunehmender und abnehmender Mond), kommen aber durch innere Unruhe zur Besinnung. Verlangen nach spiritueller Entwicklung. Sie sind ein Träumer und schwer zu fassen.

Vorhersage
Sie haben seltsame Begegnungen. Sie lernen, Ihr Karma zu verarbeiten. Probleme lösen Sie nach gründlicher Prüfung zufrieden stellend.

Liebe und Beziehungen
Verständnislosigkeit. Ein Partner hegt (unbewusst) Erwartungen, die der andere kaum erfüllen kann oder die für ihn sinnlos wären. Spannung.

Arbeit und Geld
Ein lang ersehntes Geschäft. Aufgeschoben ist aufgehoben. Betrug.

Worauf müssen Sie achten?
Launenhaftigkeit. Situationen nehmen unerwartete Wendungen. Heimtücke.

XIX Die Sonne – The Sun

AZ: Sonne, Jupiter, Venus
Wie liegt die Karte auf dem Tisch?

▲ Neues lernen. Positive Wendungen, Glück, Barmherzigkeit, Freude.

▼ Selbstüberschätzung, Eitelkeit, Niederlage, Leere, Prunksucht.

Eigenschaften

Wie eine Sonne schenken Sie Wärme und erzeugen Glück, Einheit und Liebe. Aber seien Sie vorsichtig: Die Sonnenstrahlen können alles auf Erden versengen.

Vorhersage

Ihre Lebensgewohnheiten werden sich ändern. Benutzen Sie die enorme Kraft der Sonne behutsam, und lassen Sie sich nicht von ihr lenken.

Liebe und Beziehungen

Einsicht und Verständnis. Sie leben im völligen Gleichgewicht zwischen Yin und Yang — das Männliche und das Weibliche harmonieren.

Arbeit und Geld

Sie nutzen Ihre Macht und haben Erfolg, z. B. mit einer wichtigen Übernahme.

Worauf müssen Sie achten?

Größenwahn, Verwöhntheit, Extravaganz, Übertreibung. Sie machen aus einer Mücke einen Elefanten.

XX Gericht – Judgement

AZ: Jupiter, Neptun, Feuer, Wasser
Wie liegt die Karte auf dem Tisch?

▲ Sie erleben eine positive, wichtige Veränderung. Befreiung, Transformation, zielorientiertes Handeln.

▼ Keine Veränderungen, Aussichtslosigkeit, Machtlosigkeit. Sie können sich nicht befreien.

Eigenschaften

Verjüngung, Neubeginn, Reinkarnation. Sie gelangen zu einer völlig neuen Lebensauffassung. Sie sind offen für positive Kritik und sind bereit, an sich selbst zu arbeiten.

Vorhersage

Sie werden eins mit dem Universum und mit sich selbst, und Sie erfahren dies als Erlösung. Vielleicht tauschen Sie Ihr weltliches Leben gegen ein Leben im Kloster ein.

Liebe und Beziehungen

Ein Neubeginn. Ist er/sie wirklich der/die Richtige? Innere Versöhnung durch Verschmelzung gegensätzlicher Eigenschaften.

Arbeit und Geld

Wichtige Veränderungen stehen bevor. Expansion. Aber auch: War die letzte Transaktion wirklich klug?

Worauf müssen Sie achten?

Lustlosigkeit, Angst zu versagen, Launenhaftigkeit. Sie finden keinen Ausweg. Hüten Sie sich vor zu großen Anstrengungen; sie schaden Ihrer Gesundheit.

XXI Die Welt – The World
AZ: Saturn, Erde, Feuer
Wie liegt die Karte auf dem Tisch?

▲ Unbegrenzte Möglichkeiten. Da Sie sich Ihrer Verantwortung bewusst sind, können Sie alles erreichen.

▼ Ein kleiner Fortschritt, aber noch kein Sieg. Angst vor Veränderungen. Ein unvollendetes Projekt.

Eigenschaften
Sie erreichen totale Harmonie. Spirituelle Vollendung, Ekstase. Interessant ist, dass Karte 21 genau die umgekehrte Situation wie Karte 12 (der Gehängte) ankündigt. Eine Erneuerung ist abgeschlossen.

Vorhersage
Endlich ist das letzte Stück zum Puzzle gefunden. Freude, Glück. Hüten Sie sich aber vor Menschen, die Sand ins Getriebe streuen könnten; denn Sie sind fast am Ziel.

Liebe und Beziehungen
Sie haben voneinander gelernt und einander akzeptiert, und Sie wissen, dass Sie einander immer lieben werden, egal was geschieht.

Arbeit und Geld
Sie können sich auf Ihren Lorbeeren ausruhen. Ein großer Gewinn, ein Lottogewinn, Reichtum für ein ganzes Leben. Endlich können Sie Ihre Schulden zahlen. Sie finden Ruhe nach vollbrachter Arbeit.

Worauf müssen Sie achten?
Verlieren Sie nicht das Vertrauen zu den Menschen, die Ihnen nahe stehen. Unschlüssigkeit. Bewahren Sie die Ruhe, regen Sie sich nicht unnötig auf. Revolution.

0 Der Narr – The Fool

AZ: Uranus, Luft

Wie liegt die Karte auf dem Tisch?

▲ Strahlende, aber nicht gezielt genutzte (Lebens)kraft. Spontanes, unüberlegtes Handeln. Sie reagieren instinktiv.

▼ Sie treffen eine falsche Entscheidung. Sie schweifen ziellos herum. Torheit, Leichtsinn.

Eigenschaften

Sie sind freundlich und spontan. Sie handeln mit kindlicher Begeisterung, ungehemmt und oft unüberlegt. Sie vertrauen Ihrem Instinkt. Dennoch haben Sie selten Schwierigkeiten — es ist, als schütze Sie eine magische Kraft.

Vorhersage

Trotz Ihrer jugendlichen Unerfahrenheit führen Sie einen lästigen Auftrag meist zufrieden stellend aus. Sie sind impulsiv und leichtsinnig und sehen die Gefahr nicht; dennoch kommen Sie sicher ans Ziel.

Liebe und Beziehungen

Selbstverständlich verliebt sich das hübscheste Mädchen oder der netteste Mann in Sie. Hoffen wir, dass er/sie auch verliebt bleibt!

Arbeit und Geld

Alles ist möglich, vom großen Erfolg bis zum totalen Scheitern.

Worauf müssen Sie achten?

Unberechenbarkeit, Unentschlossenheit. Interesse für alles und nichts. Sie wollen tausend Dinge auf einmal (tun). Sie wollen die Welt nicht verbessern, warum auch?

Was die Tarotkarten uns verraten...

Die 78 Karten des Tarots

Die 56 Karten der Kleinen Arkanen

Gebrauchte Abkürzungen:
AZ = Astrologische Zuordnung
▲   *= Aufrecht*
▼   *= Umgekehrt*

As der Stäbe – Ace of wands

AZ: Widder, Löwe, Schütze, Feuer
Wie liegt die Karte auf dem Tisch?

▲ Ein neues Streben, eine neue Idee, ein neues Projekt.

▼ Ein neues Vorgehen stößt auf Widerstand. Sie stehen unter Druck.

Eigenschaften

Sie sind ein leidenschaftlicher Mensch, ein Kork im Wasser, an dem viele sich festklammern. Sie haben viele Ideen, kreative Projekte und Inspiration. Wille und Leidenschaft machen Sie stark.

Vorhersage

Sie brennen vor Ungeduld und wollen etwas Neues beginnen.

Liebe und Beziehungen

Leidenschaft und Vitalität sind keine Garantie für eine gute Beziehung — wohl aber für eine aufregende.

Arbeit und Geld

Kreativität, Erfindungsreichtum und Initiative sind der Anfang eines Projekts.

Worauf müssen Sie achten?

Übernehmen Sie sich nicht. Lassen Sie sich nicht entmutigen. Niedergang.

Zwei Stäbe

AZ: Mars im Wider, Feuer
Wie liegt die Karte auf dem Tisch?

▲ Sie haben die Lage im Griff. Warten Sie auf das Ergebnis eines Projekts.

▼ Magere oder gar keine Ergebnisse. Enttäuschung.

Eigenschaften

Sie haben viel (aggressive) Energie und wollen immer der Chef sein. Sehnsucht nach Abenteuern. Mangel an Einfühlungsvermögen.

Vorhersage

Versuchen Sie, ein Gleichgewicht zwischen Körper und Geist zu finden und zu bewahren. Handeln Sie nur, wenn es notwendig ist. Gehen Sie umsichtig vor.

Liebe und Beziehungen

Ihr Liebesleben ist verkümmert, und es ist schwer, die richtige Entscheidung zu treffen.

Arbeit und Geld

Sie haben die Kraft, richtige Entscheidungen zu treffen. Dank Ihrer Hilfe haben geschäftliche Pläne gute Erfolgsaussichten.

Worauf müssen Sie achten?

Achten Sie darauf, dass Ihre Argumente nichts an Deutlichkeit zu wünschen übrig lassen; dann müssen Sie nicht befürchten, zu nachgiebig zu sein.

Drei Stäbe

AZ: Sonne im Widder, Feuer

Wie liegt die Karte auf dem Tisch?

▲ Sie denken immer „Ich zuerst", aber Sie erzielen damit gute Ergebnisse und wachsen. Tatkraft.

▼ Es geht nicht vorwärts. Schlechte Ergebnisse. Aufschub.

Eigenschaften

Ihr Motto lautet: „Ich schaffe meine Zukunft selbst, indem ich sie mir klar vorstelle." Sie sind selbstbewusst und abenteuerlustig. Sie halten nichts von Kompromissen. Manchmal stolpern Sie auf halbem Weg, weil Sie zu ehrgeizig sind.

Vorhersage

Sie sind immer offen für neue Ideen und Pläne, und Sie sehen alles schon vor sich.

Liebe und Beziehungen

In einer Beziehung achten Sie auf einen gewissen Abstand zum Partner und umgekehrt. Beide wollen ihre Freiheit behalten.

Arbeit und Geld

Sie beginnen sorgfältig mit Vorbereitungen, und das ist der Anfang des Erfolges. Allerdings fällt es Ihnen schwer, Ihre Pläne klar zu formulieren und zu verwirklichen.

Worauf müssen Sie achten?

Lassen Sie sich Erfolge nicht zu Kopf steigen! Sie neigen zu Hochmut, und wenn Sie fallen, dann fallen Sie hart.

Vier Stäbe

AZ: Venus im Widder, Feuer
Wie liegt die Karte auf dem Tisch?

▲ Sie streben nach Glück, Harmonie und einem schönen Sieg. Sie sind optimistisch und tatkräftig.

▼ Stärkung, Segen, Schutz, Sieg.

Eigenschaften

Sie sind nicht arrogant, sondern dankbar für jedes gelungene Projekt. Optimismus. Sie vertrauen auf Ihre Intuition.

Vorhersage

Sie stehen am Anfang einer neuen Lebensphase. Nach dem Ende einer bestimmten Phase werden Sie belohnt.

Liebe und Beziehungen

Sie krönen die Arbeit an Ihrer Beziehung und brauchen nicht mehr mit unerwarteten und unangenehmen Störungen zu rechnen.

Arbeit und Geld

Sie sind eine Führungspersönlichkeit und wissen, dass Sie Erfolg haben können. Eine unerwartet günstige Entwicklung oder das Gelingen eines Projekts steht kurz bevor.

Worauf müssen Sie achten?

Kleine Rückschläge machen Sie manchmal müde. Sie streiten sich schnell. Unzufriedenheit droht, bisweilen Apathie.

Fünf Stäbe

AZ: Saturn im Löwen, Erde, Feuer

Wie liegt die Karte auf dem Tisch?

▲ Sie ziehen Ihre Kraft aus widrigen Umständen oder Herausforderungen. Selbstverteidigung fällt Ihnen leicht.

▼ Sie finden nur Ruhe, wenn Sie der Welt anders gegenübertreten.

Eigenschaften

Spannende Wettkämpfe kosten viel Kraft, aber Sie sind stark. Oft müssen Sie die Dinge selbst in die Hand nehmen.

Vorhersage

Ernste Pflichten und Verantwortung stehen bevor. Bringen Sie zuerst Ordnung in Ihre Gedanken.

Liebe und Beziehungen

In Ihrer Beziehung sind beide Partner gleichberechtigt. Dennoch bringt das keine Sicherheit: Scheidung und Einsamkeit stehen Ihnen bevor.

Arbeit und Geld

Die Ursache Ihrer beruflichen Probleme sind zu viele widersprüchliche Ideen. Machen Sie daraus ein schlüssiges Konzept, dann sind alle zufrieden.

Worauf müssen Sie achten?

Machen Sie sich nicht größer, als Sie sind. Sie verlieren einen Streit mit aggressiven Widersachern. Geben Sie nicht zu viel Geld aus.

Sechs Stäbe

AZ: Jupiter im Löwen, Feuer
Wie liegt die Karte auf dem Tisch?

▲ Sie siegen durch Aufrichtigkeit, Ehrgeiz und Ausdauer.

▼ Sie müssen Ihren Platz einem anderen über-lassen und spielen nur noch die zweite Geige. Ein Erfolg verzögert sich.

Eigenschaften

Träume werden wahr. Sie vertrauen auf ihre Fähigkeiten, um ein Ziel zu erreichen. Durchbruch und Überwindung von Hinder-nissen. Trotz.

Vorhersage

Eine Gruppe kann nur einer leiten, doch der ist auf die anderen angewiesen. Wo stehen Sie?

Liebe und Beziehungen

Seien Sie ehrlich: Handeln Sie aus Liebe oder aus Berechnung? Untreu sind Sie (Ihrer Meinung nach) nicht.

Arbeit und Geld

Teamwork. Sie inspirieren Menschen, mit denen Sie zusammen-arbeiten — oder das Gegenteil: Sie verlieren das Vertrauen in Ihren Chef oder in Ihre Firma.

Worauf müssen Sie achten?

„Show-off": Angeberei bringt Ihnen keine Freunde. Sie versu-chen, Ihre innere Schwäche zu verbergen, und manchmal gehen Sie dabei zu weit.

Sieben Stäbe

AZ: Mars im Löwen, Feuer
Wie liegt die Karte auf dem Tisch?

▲ Sie stellen sich den schwierigsten Situationen mutig, offen und ehrlich. Konfrontationen weichen Sie nicht aus.

▼ Es gibt zum Glück keine Konflikte.

Eigenschaften
Sie müssen sich selbst auf die Probe stellen und sich vor anderen beweisen. Das kostet viel Kraft und Nerven. Neue Impulse stärken Ihr Selbstvertrauen. Hitzige Diskussionen sind für Sie eine Entspannung.

Vorhersage
Sie stellen Ihr Licht (Ihre Ideen) nicht unter den Scheffel, jetzt nicht und später wohl auch nicht. Lassen Sie sich nicht von starken Gefühlen oder Wut leiten.

Liebe und Beziehungen
Auch in einer guten Beziehung gibt es Berge und Täler. Streit ist unvermeidlich, und er kann die Atmosphäre reinigen.

Arbeit und Geld
Neue Projekte, die Teamwork erfordern, und lebhafter Austausch von schöpferischen Ideen sind für Sie selbstverständlich. Hüten Sie sich vor einem finanziellen Verlust.

Worauf müssen Sie achten?
Streiten ist nicht schwer. Zählen Sie bis zehn, ehe Sie (höflich) Ihre Meinung sagen.

Acht Stäbe

AZ: Merkur im Schützen, Luft, Feuer
Wie liegt die Karte auf dem Tisch?

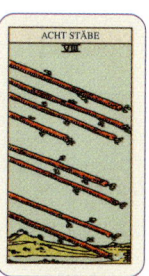

▲ Sie bekommen grünes Licht — was tun Sie?
Packen Sie's an!

▼ Halten Sie inne. Bleiben Sie eine Weile stehen,
und erzwingen Sie nichts.

Eigenschaften

Sie haben einen flinken Verstand und können gut kommunizieren. Sie sind aufmerksam und reagieren schnell. Ihre Begeisterung wirkt ansteckend.

Vorhersage

Grenzenlose Fantasie führt Sie in alle Richtungen. Fernreisen und Freiheit sind Ihre größte Sehnsucht. Werden Ihre Träume wahr?

Liebe und Beziehungen

Sie verlieben sich schnell Hals über Kopf, aber Ihre Beziehungen halten meist nicht lange — bis Sie den Richtigen oder die Richtige finden.

Arbeit und Geld

Bremsen Sie ab und zu Ihren übertriebenen Tatendrang. Nutzen Sie Ihre Energie, um Ihre Pläne zu verwirklichen.

Worauf müssen Sie achten?

Zu großer Ehrgeiz bringt Sie in eine aussichtslose Lage. Wortwechsel häufen sich.

Neun Stäbe

AZ: Mond im Schützen, Wasser, Feuer
Wie liegt die Karte auf dem Tisch?

▲ Bereiten Sie sich vor. Seien Sie vorsichtig, denn Ihre Probleme sind noch nicht gelöst.

▼ In einem unaufmerksamen Augenblick lockt man Sie in die Falle.

Eigenschaften
Entschlossenes Festhalten an Ihren Plänen bringt Ihnen endlich, was Sie erreichen wollten. Sie nutzen Ihr Wissen, Ihre Disziplin und Ihre Erfahrung.

Vorhersage
Sie haben ein gutes Gespür für Gefahren, und das kommt Ihnen bei der Erfüllung eines kreativen oder spirituellen Auftrags zugute.

Liebe und Beziehungen
Sie lieben das Leben und seine Freuden. Geben Sie Ihrem Verlangen nicht zu schnell nach — später würde es Ihnen Leid tun.

Arbeit und Geld
Wieder müssen Sie ein eben begonnenes Projekt vorzeitig beenden. Schuld daran war die schlechte Koordination.

Worauf müssen Sie achten?
Sie schaffen kein Vertrauen, indem Sie eine tapfere Haltung vortäuschen. Hindernisse werden langsam überwunden.

Zehn Stäbe

AZ: Saturn im Schützen, Erde, Feuer
Wie liegt die Karte auf dem Tisch?

▲ Entbehrungen bedrücken Sie sehr. Sie haben viele Fehlschläge hinter sich, weil Sie sich überschätzen.

▼ Absichtliche Fehler, Widerstand und Sabotage aus Neid.

Eigenschaften

Sie sind sehr verantwortungsbewusst und erwarten das auch von anderen. Sie sind beharrlich, wenn Sie ein sinnvolles Ziel haben. Energie.

Vorhersage

Die Welt ist größer, als Sie denken; machen Sie von ihr Gebrauch. Widerstand und unsichere Ergebnisse stehen Ihnen bevor.

Liebe und Beziehungen

In einer Partnerschaft sind Sie nicht allein. Nehmen Sie Rücksicht auf den anderen, aber lassen Sie nicht auf sich herumtrampeln, sonst droht ein schmerzlicher Abschied.

Arbeit und Geld

Testen Sie Ihre Möglichkeiten. Wechseln Sie den Arbeitsplatz, und erforschen Sie Ihre Grenzen. Packen Sie ein neues Projekt an, aber achten Sie darauf, dass es Ihnen nicht über den Kopf wächst. Ein vorübergehender Erfolg befriedigt Sie.

Worauf müssen Sie achten?

Richten Sie nicht alle Pfeile auf ein Ziel: Wenn Sie es verfehlen, haben Sie keine Pfeile mehr. Intrigen spielen Ihnen einen Streich.

Bube der Stäbe – Page of Wands

AZ: Widder, Löwe im Schützen, Feuer

Wie liegt die Karte auf dem Tisch?

▲ Sie stehen gerne im Mittelpunkt. Sie haben Führungsqualitäten. Plötzliche gute Nachrichten.

▼ Ihr theatralisches Verhalten wirkt übersteigert.

Eigenschaften

Sie bevorzugen eine ungewöhnliche Denk- und Lebensweise, sind aber nicht sehr tolerant. Sie hegen viele Vorurteile, aber Sie sind auch kreativ und fair.

Vorhersage

Unerwartete, aber nicht unbedingt schlechte Nachrichten.

Liebe und Beziehungen

Fürchten Sie sich nicht vor neuen Kontakten. Rechnen Sie mit (ungerechtfertigter) Eifersucht.

Arbeit und Geld

Sie wollen die Nachricht als Erster überbringen. Begeben Sie sich am Arbeitsplatz nicht in eine Situation, in der Sie auf sich allein angewiesen sind.

Worauf müssen Sie achten?

Sie suchen doch keinen Streit, oder? Übertreiben Sie nicht so; das ist unnötig.

Ritter der Stäbe – Knight of Wands

AZ: Löwe, Feuer

Wie liegt die Karte auf dem Tisch?

▲ Sie sind begeistert, herzlich, ehrgeizig und inspirierend — was wollen Sie mehr?

▼ Sie sind anspruchsvoll, egozentrisch und hochmütig.

Eigenschaften

Sie sind bereit, Inspirationen in die Tat umzusetzen. Ungestüm, Energie und Begeisterung machen Sie waghalsig, aber Sie übernehmen spontan die Verantwortung für die Folgen.

Vorhersage

Eine Zeit des Wandels naht: Rückkehr nach langem Aufenthalt im Ausland oder ein plötzlicher Umzug in ein fernes Land.

Liebe und Beziehungen

Das Ende einer guten Freundschaft oder einer Ehe steht bevor. Sie sind etwas Besonderes, und das erschreckt andere.

Arbeit und Geld

Jedes Unternehmen hat seine Geheimnisse. Sie kommen zwar dahinter, aber es ist besser, Ihre Entdeckung für sich zu behalten.

Worauf müssen Sie achten?

Hochmut komm vor dem Fall! Machen Sie aus einer Mücke keinen Elefanten, und lassen Sie sich nicht von (bösartigen) Gefühlen leiten.

Königin der Stäbe – Queen of Wands

AZ: Schütze, Feuer

Wie liegt die Karte auf dem Tisch?

▲ Sie haben eine anziehende Persönlichkeit, warm und freigiebig.

▼ Sie sind selbstsüchtig, anspruchsvoll und neidisch.

Eigenschaften

Sie scheuen sich nicht, Wünsche zu äußern. Sie sind inspirierend und leidenschaftlich. Selbsterkenntnis, Autorität, Ausdauer, Anziehungskraft.

Vorhersage

Sie helfen anderen, weil sie Menschen sind. Achten Sie darauf, nicht alles herzugeben — Sie werden noch manches brauchen.

Liebe und Beziehungen

Sie sind spontan und launisch. Liebe kommt für Sie vor dem Glück. Eine echte Freundschaft (mit einem älteren Partner) entwickelt sich.

Arbeit und Geld

Gute Ideen können zu fantastischen Ergebnissen führen, aber das setzt Professionalität voraus. Eile ist geboten.

Worauf müssen Sie achten?

Wenn Sie andere respektieren und verstehen, werden Sie ebenfalls respektiert und verstanden.

König der Stäbe – King of Wands

AZ: Widder, Feuer

Wie liegt die Karte auf dem Tisch?

▲ Sie sind hübsch, ehrgeizig und dominierend. Sie stehlen anderen gerne die Show.

▼ Sie sind selbstsüchtig, streitlustig und theatralisch.

Eigenschaften

Sie wissen, dass Sie ein Hitzkopf sind. Ihre Kreativität und Ihr Selbstausdruck werden als Arroganz empfunden. Schauen Sie auf das zurück, was Sie erreicht haben, und genießen Sie Ihre Fähigkeit, eigene Wege zu gehen.

Vorhersage

Ein kleiner Impuls löst oft große Veränderungen aus. Ihre Impulsivität wappnet Sie gegen eine stärkere Kraft.

Liebe und Beziehungen

Andere suchen bei Ihnen Hilfe und Freundschaft, und Sie enttäuschen sie nicht. Aber bei wem können Sie sich aussprechen?

Arbeit und Geld

Befolgen Sie den Rat, den Sie bekommen, und halten Sie die Regeln ein. Es ist kein Platz für einen „kreativen Sprung".

Worauf müssen Sie achten?

Ein König ist ein König, aber der Kunde ebenfalls. Seien Sie sich Ihrer natürlichen Autorität bewusst, und missbrauchen Sie sie nicht.

As der Münzen – Ace of Pentacles

AZ: Stier, Jungfrau und Steinbock, Erde
Wie liegt die Karte auf dem Tisch?

▲ Ein Plan wird Wirklichkeit. Geld und neue Sicherheit. Gutes Gefühl für Werte. Ordnung und Regelmäßigkeit.
▼ Pläne scheitern. Sparsamkeit oder Geldmangel. Chaos.

Eigenschaften

Für Sie scheint die Sonne immer; ihre Strahlen sind stark und reinigend. Ihr ganzes Umfeld sonnt sich mit. Ideen werden wahr. Konzentration, Realismus, Standhaftigkeit.

Vorhersage

Bringen Sie Ihres Gefühle ins Gleichgewicht, dann ist nichts zu viel, und Sie können alles erreichen. Sie können mit allem beginnen.

Liebe und Beziehungen

Wenn Sie offen sind und Ihre Schwächen akzeptieren, können Sie mit bedingungsloser Liebe rechnen.

Arbeit und Geld

Glück, eine Erbschaft. Sie erwerben etwas Besonderes — ein Landhaus, Juwelen oder andere Kostbarkeiten.

Worauf müssen Sie achten?

Lassen Sie sich Ihre Erfolge nicht zu Kopf steigen, und achten Sie darauf, dass Sie nicht durch Leichtsinn alles verlieren.

Zwei Münzen

AZ: Jupiter im Steinbock, Erde

Wie liegt die Karte auf dem Tisch?

▲ Veränderungen zwingen Sie, finanzielle Verpflichtungen in Ordnung zu bringen.

▼ Sie sind unfähig, Verantwortung zu tragen. Sie verlieren das finanzielle Gleichgewicht.

Eigenschaften
Sie passen sich neuen Situationen mühelos an. Reisen und eine andere Umgebung bringen Ihnen Entspannung. Sie finden Ruhe in Veränderungen.

Vorhersage
Schwierigkeiten werden langsam, aber sicher überwunden; aber Sie müssen etwas dafür tun. Ein Zufall eröffnet neue Einsichten.

Liebe und Beziehungen
Misstrauen löst Unverständnis aus. Ihr Partner stellt Fragen. Sie finden Toleranz wichtig.

Arbeit und Geld
Sie sind auf allen Märkten zu Hause und können sich allen Situationen anpassen. Sie sind initiativ und schätzen das Risiko vernünftig ein. Darum sind die Ergebnisse gut.

Worauf müssen Sie achten?
Nicht jeder Gaukler wird ein großer Magier. Gedankenlosigkeit kann in die Irre führen.

Drei Münzen

AZ: Mars im Steinbock, Feuer, Erde
Wie liegt die Karte auf dem Tisch?

▲ Ihre Resultate sind sehr gut, und Sie werden dafür belohnt.

▼ Halbherzige Bemühungen führen zu mittelmäßigen Ergebnissen. Sie wollen sehen, wohin der Hase läuft.

Eigenschaften

Nutzen Sie Ihre Kreativität und Ihre Talente, um neue Einsichten zu gewinnen; dann besteht Aussicht auf langsame Forschtritte. Alte Traditionen werden durch neue ersetzt.

Vorhersage

Günstige Veränderungen auf jedem Gebiet stehen bevor. Erleben und begreifen Sie die Macht harter Arbeit.

Liebe und Beziehungen

Da Sie arbeitssüchtig sind, kommt der Partner für Sie meist erst an zweiter Stelle. Das kann das Ende einer ansonsten guten Ehe bedeuten.

Arbeit und Geld

Dank Ihrer guten Ausbildung arbeiten Sie gut mit anderen zusammen. Aus Plänen werden große Projekte.

Worauf müssen Sie achten?

Ruhelosigkeit treibt Sie zu schnellen Entscheidungen. Verwechseln Sie Ausgeglichenheit nicht mit Faulheit.

Vier Münzen

AZ: Sonne im Steinbock, Feuer, Erde
Wie liegt die Karte auf dem Tisch?

▲ Sie sind erfolgreich, aber egoistisch. Sie sind nicht imstande, zu geben, zu teilen oder anderen zu vertrauen.

▼ Verlust von Macht, Geld oder einer Position. Argwohn.

Eigenschaften

Sie sind egozentrisch und konservativ. Ordnung und Regelmäßigkeit geben Ihnen ein Gefühl der Sicherheit. Sie streben nach einer leitenden Stellung.

Vorhersage

Treten Sie dem Leben ruhig und vertrauensvoll entgegen; dann erreichen Sie das Ziel, auf das Sie sich konzentrieren.

Liebe und Beziehungen

Sie glauben, dass eine Beziehung oder Ehe makellos sein muss. Lernen Sie lieber aus Ihren Schwächen und denen des Partners, und genießen Sie sie!

Arbeit und Geld

Wiedereinstieg ins Berufsleben oder Umschulung. Aber auch neue Investitionen und neue Projekte.

Worauf müssen Sie achten?

Angst vor dem Neuen kann zu Gier und Abhängigkeit vom Alten, Vertrauten und scheinbar Sicheren führen.

Fünf Münzen

AZ: Merkur im Stier, Erde

Wie liegt die Karte auf dem Tisch?

▲ Depression, Fehlschlag, Armut, Einsamkeit.

▼ Bessere Zeiten, Hoffnung, neue Einkünfte oder geschäftliche Beziehungen.

Eigenschaften

Sie schätzen Einfachheit und das Konventionelle. Innere Werte. Sie fühlen sich machtlos gegenüber dem Schicksal. Respekt vor Bescheidenheit und Nüchternheit beseitigt innere Unsicherheit.

Vorhersage

Sie sind anderes als die anderen. Vielleicht beschließen Sie, die Regeln zu missachten und am Rande der Gesellschaft zu leben.

Liebe und Beziehungen

Sie haben das Gefühl, allein auf der Welt zu sein und benachteiligt zu werden. Plötzlich empfinden Sie einen Mangel an Liebe. Haben Sie den Mut, den Partner um Hilfe zu bitten.

Arbeit und Geld

Manchmal haben Sie auch Gegenwind. Notfalls müssen Sie um finanzielle Hilfe bitten.

Worauf müssen Sie achten?

Ratlosigkeit. Eine Depression löst Selbstmordgedanken aus. Meiden Sie die Einsamkeit.

Sechs Münzen

AZ: Mond im Stier, Wasser, Erde

Wie liegt die Karte auf dem Tisch?

▲ Teilen, verdienter Lohn, finanzieller Erfolg, Erinnerungen.

▼ Ungleichgewicht, falscher Umgang mit Geld, Verlust.

Eigenschaften

Sie glauben an den Austausch von Kräften. Sie können teilen und Hilfe oder Ermutigung annehmen. Gefühle ändern sich. Geschenke, Freundschaft.

Vorhersage

Es fällt Ihnen schwer, etwas zu schenken, was Sie vermissen würden. In Gesellschaft von Gleichgesinnten sind Sie glücklich, und Sie freuen sich, wenn Sie helfen können.

Liebe und Beziehungen

Alle wissen es zu schätzen, dass Sie ein guter Mensch sind. Gegenseitiges Verständnis und gegenseitige Wertschätzung gewährleisten eine harmonische Beziehung.

Arbeit und Geld

Sie finden es selbstverständlich, anderen in Zeiten der Not zu helfen. Sie geben Ihr letztes Hemd her, um andere glücklich zu machen.

Worauf müssen Sie achten?

Wenn Sie zu nett sind, werden Sie leicht zum Opfer. Verlieren Sie die Wirklichkeit nicht aus den Augen, und unternehmen Sie etwas.

Sieben Münzen

AZ: Saturn im Stier, Erde
Wie liegt die Karte auf dem Tisch?

▲ Neuberwertung nach einer großen Anstrengung. Etwas ist unvollendet.

▼ Sorgen nach einer zu langsamen Reaktion.

Eigenschaften

Sie können sowohl Erfolge als auch Misserfolge realistisch einschätzen. Aufschub, Angst vor Versagen, Trägheit. Mangel an Schneid ist Ihr größtes Problem — Sie wollen lieber sichergehen.

Vorhersage

Haben Sie Geduld, und dämpfen Sie Ihre Erwartungen. Da Sie freundlich sind, haben andere wenig Gelegenheit, Ihnen Streiche zu spielen.

Liebe und Beziehungen

Dank Ihrer besonderen Leistungen und Ihrer Herzlichkeit gewinnen Sie viele echte Freunde.

Arbeit und Geld

Stillstand bietet zwar eine gewisse Sicherheit, aber keinen Fortschritt. Mangels Interesse werden Sie mutlos und verdrießlich.

Worauf müssen Sie achten?

Geben Sie nicht auf! Zwar bietet Stillstand einige Sicherheit, aber garantiert keinen Fortschritt. Mangelndes Interesse macht einen mutlos und mürrisch.

Acht Münzen

AZ: Sonne im Skorpion, Feuer, Wasser
Wie liegt die Karte auf dem Tisch?

▲ „Daran arbeiten", lernen, weitermachen bis zum gewünschten Ergebnis.

▼ Sie missbrauchen die guten Eigenschaften und Talente anderer.

Eigenschaften

Sie haben viel Selbstdisziplin. Sie bereiten sich vor und ergreifen die Chance. Sie sind geduldig, aber irgendwann platzt sogar Ihnen der Kragen, und Sie werden richtig boshaft. Sie sind sehr pragmatisch und haben Geschäftssinn.

Vorhersage

Blicken Sie in die Zukunft. Gute Planung und Strategie führen zu sehr guten Ergebnissen.

Liebe und Beziehungen

Neue freundschaftliche Kontakte. Sie lernen, neue Beziehungen besser auf ihren Wert hin einzuschätzen, und Sie sind jetzt auch bereit, sich Mühe zu geben.

Arbeit und Geld

Spezielle Fähigkeiten. Sie stehen am Anfang einer neuen Karriere oder eines großen Lernprozesses, vielleicht auf technischem Gebiet.

Worauf müssen Sie achten?

Das fehlende Gleichgewicht löst Enttäuschung aus. Die Situation beruhigt sich, und das macht Sie blind für Ihre schlechten Eigenschaften, zum Beispiel Bequemlichkeit und Ungeduld.

Neun Münzen

AZ: Venus in der Jungfrau, Erde
Wie liegt die Karte auf dem Tisch?

▲ Sie sind zurückhaltend und strahlen Weisheit aus. Sie lieben Ordnung und Sauberkeit. Selbstachtung.

▼ Finanzielle und emotionale Unsicherheit, Verlust der Struktur, Einsamkeit.

Eigenschaften

Ihre Bemühungen führen zu guten Ergebnissen. Sie sind zufrieden und genießen Ihren materiellen Wohlstand. Sie sind gerne allein. Aber Sie müssen noch lernen, dass Sie geben müssen, um empfangen zu dürfen.

Vorhersage

Sie wissen, dass Geduld eine Tugend ist. Alles, was Sie tun, wird letztlich gut, sofern Sie nicht hasten.

Liebe und Beziehungen

Vergessen Sie nicht, dass Sie auch Gefühle haben und dass diese für eine gute (freundschaftliche) Beziehung wichtig sind. Suchen Sie den Kontakt mit anderen, sonst werden Sie einsam.

Arbeit und Geld

Sie haben die Fähigkeit und die Einsicht, die richtigen Quellen zu finden, und Sie wissen diese Quellen zu nutzen.

Worauf müssen Sie achten?

Wenn Sie zu lange im Paradies Ihrer Fantasie leben, besteht die Gefahr, dass Sie maßlos, träge und undiszipliniert werden. Die Folge ist ein schwaches Selbstbewusstsein.

Zehn Münzen

AZ: Merkur in der Jungfrau, Erde
Wie liegt die Karte auf dem Tisch?

▲ Finanzielle Fülle, andere Lebensverhältnisse, Geschicklichkeit.

▼ Probleme und Instabilität finanzieller oder familiärer Art. Sie geben (zu schnell) auf.

Eigenschaften

Sie übernehmen für Ihr Tun die Verantwortung. Sie sind ausdauernd. Sie halten Ihre Sprachgewandtheit und Ihre guten Manieren für selbstverständlich, und Sie profitieren davon. Jetzt müssen Sie nur noch lernen, Erfolge mit anderen zu teilen.

Vorhersage

Machen Sie sich keine Sorgen: Wissen, Klugheit und finanzielle Selbständigkeit stellen sich „wie von selbst" ein. Teilen Sie mit anderen.

Liebe und Beziehungen

Die Liebe kommt von selbst auf Sie zu; Sie brauchen nicht viel dafür zu tun. Ihre Freunde und Angehörigen sind immer für Sie da.

Arbeit und Geld

Das Geld zerrinnt Ihnen unter den Händen, und Sie sind eine Gefahr für sich und andere. Pflegen Sie Ihre beruflichen Kontakte; sie können Ihnen noch von Nutzen sein. Kommt eine Erbschaft auf Sie zu?

Worauf müssen Sie achten?

Der Garten Eden führt zu Leichtsinn, Lustlosigkeit und Eintönigkeit. Packen Sie sich selbst am Kragen!

Bube der Münzen – Page of Pentacles

AZ: Stier, Jungfrau und Steinbock, Erde
Wie liegt die Karte auf dem Tisch?

▲ Sie sind lernbegierig, verantwortungsbewusst und vorsichtig. Sie informieren andere und beraten sie.

▼ Sie verabscheuen Autorität. Sie sind unvorsichtig, widerspenstig und nicht kompromissbereit.

Eigenschaften

Sie sind neugierig und tüfteln gerne. Sie sind praktisch veranlagt, vorsichtig, zuverlässig und standhaft. Sie neigen zu Misstrauen und sind daher bisweilen etwas engstirnig.

Vorhersage

Eine fast ungetrübte Zukunft ist Ihnen sicher. Das Leben hat Höhen und Tiefen, aber Ihr Weg ist eben.

Liebe und Beziehungen

Eine Einladung oder ein Heiratsantrag kommt auf Sie zu. Sagen Sie ja, denn Ihr Gastgeber oder Partner will Ihr Bestes.

Arbeit und Geld

Sie sind ein vorzüglicher Vermittler zwischen zwei Firmen, und Sie können eine seriöse Transaktion verwirklichen. Sie werden für Ihren Einsatz belohnt.

Worauf müssen Sie achten?

Ihr Optimismus kann in Opportunismus umschlagen, was nicht allen Leuten gefällt. Aber aus Schaden wird man klug.

Ritter der Münzen – Knight of Pentacles

AZ: Stier, Erde

Wie liegt die Karte auf dem Tisch?

▲ Sie sind stabil und können hart arbeiten. Geldsorgen.

▼ Sie sind unvorsichtig und unpraktisch im Umgang mit Geld und Arbeit. Sie sind (zu) eigensinnig.

Eigenschaften

Sie wollen für sich und Ihr Umfeld sorgen. Sie sind herzlich und mitfühlend, aber auch verschwenderisch und nicht immer aufrichtig.

Vorhersage

Der „ideale Schwiegersohn" erreicht sein Ziel; aber es kann einige Zeit dauern, und Sie müssen sich anstrengen. Der Weg zum Ziel ist mitunter steinig. Rechnen Sie mit einem Nasenstüber.

Liebe und Beziehungen

Kein Abenteuer in Aussicht. Nicht, weil niemand Sie mag, sondern weil Sie nicht wollen. Sie fühlen sich nur in einer festen, monogamen Beziehung wohl. Es kann also lange dauern, bis Sie Ihre „geheime" Liebe entdecken.

Arbeit und Geld

Die Situation ist unsicher, und Sie sind bereit, hart zu arbeiten und Opfer zu bringen. Obwohl Sie von Natur aus hilfsbereit sind, sollten Sie jetzt etwas für sich selbst tun.

Worauf müssen Sie achten?

Unruhe kann zu Wahnvorstellungen führen. Suchen Sie nicht den heiligen Gral, wenn Sie nicht wissen, wie er aussieht und wo er steht.

Königin der Münzen – Queen of Pentacles

AZ: Waage, Luft

Wie liegt die Karte auf dem Tisch?

▲ Sie sind empfindlich, fürsorglich, produktiv und selbständig.

▼ Sie sind unrealistisch, unsicher und sehr abhängig.

Eigenschaften

Sie haben Respekt vor Ihrem Umfeld und vor sich selbst. Sie achten auf Ihre Ernährung. Alles, was Sie sehen, können Sie in die Tat umsetzen. Sie bewahren lieber das Gute, als sich auf unbekanntes Gelände locken zu lassen.

Vorhersage

Es gibt nur eine einzige echte Königin, und das sind Sie. Sie denken positiv und sind harmonisch und standhaft. Ihre Lebensweise ist stabil.

Liebe und Beziehungen

Öffnen Sie sich der Liebe, die andere Ihnen geben können, und seien Sie bereit, an einer guten (neuen) Beziehung zu arbeiten.

Arbeit und Geld

Nehmen Sie auch mal Rat von anderen an — er ist gut gemeint, und Sie können Ihn gut gebrauchen. „Ein guter Kontakt ist sein Gewicht in Gold wert". Zuverlässigkeit. Solides berufliches Wissen.

Worauf müssen Sie achten?

Ertrinken Sie nicht in Ihren Problemen — sie sind nicht so zahlreich oder so kompliziert, wie Sie glauben. Übertreiben Sie also nicht.

König der Münzen – King of Pentacles

AZ: Jungfrau, Erde
Wie liegt die Karte auf dem Tisch?

▲ Sie sind zuverlässig, aber auch materialistisch. Sicherheit kommt für Sie zuerst. Eine Führungspersönlichkeit.

▼ Sie sind eigensinnig, geldgierig, besitzergreifend.

Eigenschaften

Sie sind schöpferisch und praktisch veranlagt, aber Veränderungen mögen Sie nicht. Sicherheit und Qualität sind Ihnen wichtig. Sie kennen Ihre Verantwortung. Sie sind mitfühlend, aber auch stolz.

Vorhersage

Der Erfolg kommt von selbst, Sie brauchen ihn nicht zu suchen und auch nicht besonders hart für ihn zu arbeiten. Sie werden belohnt.

Liebe und Beziehungen

Sie halten viel von Treue. Sie sind ein monogamer, verlässlicher Partner, der zum Glück auch romantisch und (weder zu sehr noch zu wenig) leichtsinnig ist.

Arbeit und Geld

Sie sind ein Manager, der geborene Führer, ein pragmatischer Macher, der schwer wiegende Entscheidungen nicht scheut. Gute Geschäfte stehen bevor.

Worauf müssen Sie achten?

Da Sie von Natur aus an der Spitze stehen, lernen Sie auch die unangenehmen Seiten der Gesellschaft kennen: Korruption, Betrug, Klatsch, üble Nachrede usw.

As der Schwerter – Ace of Swords

AZ: Zwillinge, Wassermann, Waage, Luft
Wie liegt die Karte auf dem Tisch?

▲ Sie erreichen Ihr Ziel durch Willenskraft und Ehrlichkeit.

▼ Unüberwindliche Schwierigkeiten zwingen Sie, Ihren Plan aufzugeben — vorläufig.

Eigenschaften
Sie suchen nach der (intellektuellen) Wahrheit, indem Sie von außen zum Kern vordringen. Sie sind zu einer scharfen Analyse fähig.

Vorhersage
Sie sehen Entwicklungen voraus und bereiten sich vor. Intellektuelle Kraft.

Liebe und Beziehungen
Starke (Liebes-) Beziehungen, fruchtbare Verbindungen (Kinder, Geld, Ideale). Brechen Sie nichts übers Knie.

Arbeit und Geld
Die Kraft Ihres Verstandes treibt Sie zur Eile an. Aber Vorsicht: Wenn der Verstand sich irrt, bleibt alle Mühe erfolglos, oder sie führt sogar zu bitterer Armut.

Worauf müssen Sie achten?
Zwanghaftes Analysieren kann Misstrauen auslösen. Illusionen und Lustlosigkeit drohen. Vielleicht sehen Sie den Wald vor lauter Bäumen nicht.

Zwei Schwerter

AZ: Mond in der Waage, Luft
Wie liegt die Karte auf dem Tisch?

▲ Stellen Sie Entscheidungen zurück. Sie müssen zuerst ungelöste Probleme aus der Welt schaffen. Seien Sie nicht fahrlässig.

▼ Sie sehen Strukturen oder können sie schaffen. Dies ist der Augenblick des Handelns.

Eigenschaften

Sie sind diplomatisch und haben keine Vorurteile; aber manchmal quält Sie Unsicherheit, oder Sie geraten in eine Sackgasse. Zaudern, blockierte Gefühle.

Vorhersage

Freundschaft, Mut und Standhaftigkeit in einer unsicheren Zeit oder in einer Sackgasse. Aber auch Betrug, Irreführung, Untreue (sogar von Ihren besten Freunden).

Liebe und Beziehungen

Sie knüpfen leicht neue Kontakte und halten sie aufrecht. Liebe und Respekt sind für Sie selbstverständlich. Spirituelles Gleichgewicht, innerer Friede.

Arbeit und Geld

Sie können klare Entscheidungen treffen, ohne die derzeitige Lage unnötig zu gefährden. Manchmal entstehen unlösbare Konflikte — zögern Sie dann nicht! Wohlstand durch Zusammenarbeit.

Worauf müssen Sie achten?

Bürden Sie sich nicht zu viel auf. Stress und Unruhe führen dazu, dass Sie den Kopf verlieren. Unbesonnenes Handeln.

Drei Schwerter

AZ: Saturn in der Waage, Luft
Wie liegt die Karte auf dem Tisch?

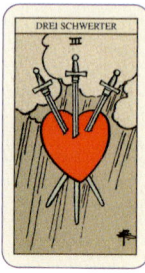

▲ Sie sind zu einer klaren Entscheidung gezwungen. Trennung oder Scheidung (manchmal gütlich), das Ende einer Phase oder einer Entwicklung.

▼ Verzögerung. Verwirrung und Unsicherheit hemmen Ihre Kreativität. Gehemmte Gefühle, auch gehemmter starker Schmerz.

Eigenschaften

Sie müssen Leid und Schmerzen erfahren, um sich wieder aufzuraffen — und es gelingt Ihnen. Sie verletzen Gefühle. Eifersucht.

Vorhersage

Sie werden abgelenkt und sind mit den Gedanken woanders. Aufschub, unsichere Entwicklung, Entfremdung.

Liebe und Beziehungen

Sie ergreifen die Flucht oder werden dazu gezwungen. Flüchten Sie sich nicht in Illusionen.

Arbeit und Geld

Nehmen Sie die Sache selbst in die Hand, und warten Sie auf den richtigen Augenblick, um sich zu entscheiden. Lassen Sie sich nicht ablenken.

Worauf müssen Sie achten?

Unfriede und Übermut lösen einander ab. Bleiben Sie wach, und suchen Sie nicht nach Ausreden.

Vier Schwerter

AZ: Jupiter in der Waage, Luft
Wie liegt die Karte auf dem Tisch?

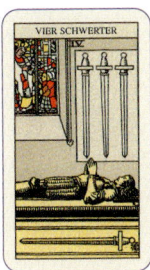

▲ Sie haben das Bedürfnis, sich zurückzuziehen. Sie sind derzeit nicht „kampflustig". Nehmen Sie sich Zeit, und ruhen Sie sich aus.

▼ Sie haben oder hatten die Möglichkeit, über eine neue Taktik nachzudenken. Jetzt sind Sie „klar zum Gefecht".

Eigenschaften

Sie verschieben Ihre Pläne und nehmen sich Zeit für äußere und innere Ruhe.

Vorhersage

Ausruhen, Meditieren, Urlaub. Sie wollen sich erholen, und die Chance kommt.

Liebe und Beziehungen

Es gibt keine...

Arbeit und Geld

Durch umsichtiges Handeln können Sie den Schaden begrenzen. Vorsicht ist geboten.

Worauf müssen Sie achten?

Ruhe, Gelassenheit und Ablehnung — oder das Gegenteil: Sie können nicht still sitzen; Sie machen weiter; Sie überschätzen sich selbst.

Fünf Schwerter

AZ: Venus im Wassermann, Luft
Wie liegt die Karte auf dem Tisch?

▲ Sie handeln rachsüchtig. Warum? Ihr Verhalten ist unvernünftig und verletzend; es führt zu nichts.

▼ Sie ändern Ihre Einstellung nicht und handeln aus Rachsucht.

Eigenschaften

Sie wollen unbedingt Ihr Ziel erreichen und schrecken dabei auch nicht vor Schlägen unter die Gürtellinie zurück. Sie sind berechnend und skrupellos.

Vorhersage

Exzentrische Ausschweifungen und der Wille, alles und jeden im Griff zu haben, wechseln einander ab. Misstrauen, Manipulation, irrationale Angst.

Liebe und Beziehungen

Wie bitte? Wahrscheinlich ist die Liebe einseitig? Sind Sie diese Seite?

Arbeit und Geld

Weil Sie alles im Griff haben, sind Sie meist sehr gut vorbereitet. Sie folgen nicht nur der Vernunft, sondern wollen auch menschlich sein. Das ist der Schwachpunkt Ihres Gegenübers.

Worauf müssen Sie achten?

Akzeptieren Sie Niederlagen. Lecken Sie Ihre Wunden, und lernen Sie Ihre Lektion. Seien Sie nicht rachsüchtig. Verbissenheit bedeutet Stillstand.

Sechs Schwerter

AZ: Merkur im Wassermann, Luft
Wie liegt die Karte auf dem Tisch?

▲ Die Lage bessert sich. Umstände und Beziehungen wenden sich zum Guten.

▼ Probleme bleiben ungelöst. Nehmen Sie Ihre Einstellung oder die eines anderen genau unter die Lupe.

Eigenschaften

Sie sehen die Situation klar. Versuchen Sie, die Probleme zu lösen, indem Sie Ihre Taktik ändern. Innenschau. Meiden Sie Diskussionen.

Vorhersage

Eine unerwartete Reise steht bevor — Urlaub oder eine Suche? Auf jeden Fall wird es eine abenteuerliche Reise.

Liebe und Beziehungen

Liebe und Beziehungen nehmen eine neue Wendung. Eine Beziehung wird durch eine Heirat oder Lebensgemeinschaft dauerhaft.

Arbeit und Geld

Sie stehen vor einer schwierigen Aufgabe. Wahrscheinlich liegen ihr juristische Fragen zugrunde. Lassen Sie sich von Ihrer Intuition leiten.

Worauf müssen Sie achten?

Grübeln Sie nicht. Sie sehen die Lage realistisch und handeln entsprechend. Nutzen Sie Ihre neuen Einsichten.

Sieben Schwerter

AZ: Mond im Wassermann, Luft
Wie liegt die Karte auf dem Tisch?

▲ Sie schauen nach vorne und sind bereit, guten Rat anzunehmen und Warnungen nicht in den Wind zu schlagen. Unabhängiges Auftreten.

▼ Hüten Sie sich vor Irreführung und Manipulation. Geraten Sie nicht in Panik.

Eigenschaften

Sich vorbereiten, Quellen untersuchen, Argumente mit Fakten untermauern. Aber auch: Streit auch dem Weg gehen, Lügen, Heimtücke.

Vorhersage

Ein Projekt scheitert nach unfruchtbaren Verhandlungen. Wahrscheinlich spielt Misstrauen dabei eine große Rolle.

Liebe und Beziehungen

Jemand, der es gut mit Ihnen meint, schützt Sie unsichtbar. Sie können nur raten, wer es ist.

Arbeit und Geld

Verlust. Sie müssen neu anfangen, um dieses Projekt zu einem guten Ende zu bringen. Bleiben Sie unabhängig im Auftreten.

Worauf müssen Sie achten?

Klatsch und üble Nachrede. Jemand versucht mit Lügen und Intrigen, Ihnen den Weg zu versperren.

Acht Schwerter

AZ: Jupiter in den Zwillingen, Luft
Wie liegt die Karte auf dem Tisch?

▲ Gefühlsblockaden (bei Ihnen oder einem anderen) begrenzen Ihr Durchsetzungsvermögen. Sie befreien sich aus Ihrer Isolierung.

▼ Jetzt handeln Sie. Das macht Sie frei, und darum haben Sie die Chance, Ihr Ziel zu erreichen.

Eigenschaften

Sie fühlen sich verwundbar und isoliert. Sie versuchen, härter zu erscheinen, als Sie sind. Sie befreien sich aus einem Dilemma, indem Sie größer denken.

Vorhersage

Veränderungen und ganz neue Entwicklungen stehen bevor.

Liebe und Beziehungen

Ihr Gefühl, einsam zu sein, stört Ihre Beziehungen. Sie wollen schon, aber Sie zweifeln zu viel.

Arbeit und Geld

Es ist ungünstig, härter zu erscheinen, als Sie sind — dadurch wird alles noch komplizierter.

Worauf müssen Sie achten?

Hüten Sie sich vor Selbstmitleid und vor dem Gefühl, verkannt zu sein. Wenn Sie zu Hause sitzen und grübeln, werden Sie noch einsamer.

Neun Schwerter

AZ: Mars in den Zwillingen, Luft
Wie liegt die Karte auf dem Tisch?

▲ Negative Gefühle quälen Sie geistig und körperlich.

▼ Neue Entwicklungen verbessern die Lage.

Eigenschaften

Sie geben sich selbst die Schuld. Sie sind depressiv und zweifeln ständig. Aber auch: Sie sind sich Ihrer Gefühle bewusst und tun alles, um sie loszuwerden.

Vorhersage

Ein neuer Weg steht Ihnen offen. Es liegt an Ihnen, den Mut nicht zu verlieren und nicht depressiv zu werden, selbst wenn es noch einen Rückschlag gibt.

Liebe und Beziehungen

Eine Beziehung ist eben zu Ende gegangen: ein sehr schwerer Verlust für Sie. „Aus den Augen, aus dem Sinn" ist nicht Ihr Motto.

Arbeit und Geld

Ansehen ist Ihnen nicht wichtig. Sie wünschen sich einen Job, in dem Sie sich zurückziehen können (z. B. Priester). Aber das ist ein Risiko, denn Sie brauchen andere Menschen.

Worauf müssen Sie achten?

Vertrauen zu missbrauchen finden Sie unerträglich. Ungerechte Vorwürfe beschämen Sie, und Sie geben verletzt klein bei.

Zehn Schwerter

AZ: Sonne in den Zwillingen, Luft

Wie liegt die Karte auf dem Tisch?

▲ Ihre Pläne sind misslungen, und Sie müssen sich damit abfinden.

▼ Es besteht Hoffnung auf Heilung durch eine Diskussion.

Eigenschaften

Vergessen Sie alles, was Sie ohnehin nicht erreichen können; dann haben Sie Zeit und Kraft, um das Mögliche zu tun.

Vorhersage

Schauen Sie trotz Ihrer Enttäuschung nach vorne.

Liebe und Beziehungen

Sie hatten sehr viel zu tun, und darunter haben die Liebe und die Beziehungen gelitten. Oder sind sie nach und nach erloschen?

Arbeit und Geld

Eine neue Phase beginnt. Achten Sie darauf, nicht wieder in alte Fehler zu verfallen.

Worauf müssen Sie achten?

Trotz der Rückschläge in jüngster Zeit gibt es keinen Grund, hoffnungslos oder schwermütig zu werden.

Bube der Schwerter – Page of Swords

AZ: Zwillinge, Waage und Wassermann, Luft
Wie liegt die Karte auf dem Tisch?

▲ Sie sind aktiv, gesellig, intelligent und schlau.

▼ Sie sind gefühllos und berechnend, und Sie
dominieren und manipulieren gerne.

Eigenschaften

Sie sind unabhängig, eigenwillig und willensstark. Am liebsten
sind Ihnen aufregende Abenteuer.

Vorhersage

Erschütternde Nachrichten bringen unerwartet Aufregung in
Ihr Leben. Ihre Pläne nehmen eine ganz neue Wendung.

Liebe und Beziehungen

Sie knüpfen leicht neue Kontakte und achten genau darauf, was
sie für Sie bedeuten. Es ist nicht einfach, Ihnen den Kopf zu ver-
drehen.

Arbeit und Geld

Sie akzeptieren fast jeden Beruf, sofern er Ihnen nicht im Voraus
bestimmt wurde. Sie sind wie geschaffen für den Anwaltsberuf,
Recherchen, Spionage und alles, was mit (geheimen) Informationen zu tun hat.

Worauf müssen Sie achten?

Sie sind sehr ehrgeizig. Werden Sie nicht übermütig — Hochmut
kommt vor dem Fall!

Ritter der Schwerter – Knight of Swords

AZ: Wassermann, Luft

Wie liegt die Karte auf dem Tisch?

▲ Sie sind intelligent, überzeugend und vernünftig. Sie versuchen, Problemen vorzubeugen oder sie möglichst schnell zu lösen.

▼ Andere mischen sich ein und machen Ihnen unwahre Vorwürfe.

Eigenschaften

Sie haben einen starken Sinn für Gerechtigkeit und handeln entsprechend. Sie sind streitbar und mutig und setzen sich für andere ein.

Vorhersage

Ein unerwartetes Ereignis ändert Ihren vorgezeichneten Weg auf angenehme Weise. Schlimmstenfalls müssen Sie mit einer schweren Krise rechnen.

Liebe und Beziehungen

Eine Situation oder Person verschwindet plötzlich. Sie wissen nicht genau, ob Ihnen das gefällt oder noch.

Arbeit und Geld

Sie bereiten sich gut auf Ihren Beruf vor und denken vernünftig — eine unschlagbare Kombination!

Worauf müssen Sie achten?

Sie können nicht alles für jeden in gute Bahnen lenken. Finden Sie sich damit ab.

Königin der Schwerter – Queen of Swords

AZ: Zwillinge, Luft, Wasser
Wie liegt die Karte auf dem Tisch?

▲ Intelligenz, Unabhängigkeit, Entschlusskraft.
Scharfe Analyse und eine scharfe Zunge.

▼ Sie sind kritisch, sarkastisch und rachsüchtig.
Sie verurteilen gerne.

Eigenschaften

Sie vertreten Ihren Standpunkt klar und durchschauen Betrug
und Heuchelei. Sie erwarten Ehrlichkeit und Gerechtigkeit.

Vorhersage

Sie führen das Wort für andere, wenn diese dazu nicht imstande
sind. Sie können gut beobachten.

Liebe und Beziehungen

Sie haben einen starken Willen und sind zuverlässig. Ihre Beziehungen halten meist lange und gründen auf gegenseitigem Vertrauen.

Arbeit und Geld

Sie sind unabhängig und opfern viel Zeit und Mühe für Dinge,
die Ihnen wichtig sind. Andere respektieren Sie.

Worauf müssen Sie achten?

Werden Sie nicht einsam und unzugänglich, und seien Sie nicht
zu streng mit sich selbst.

König der Schwerter – King of Swords

AZ: Widder, Luft, Feuer

Wie liegt die Karte auf dem Tisch?

▲ Sie sind vernünftig, entschlossen und sport-lich. Sie unterstützen ehrlich getroffene Ent-scheidungen rückhaltlos.

▼ Sie sind unehrlich und gefühllos, und Sie ha-ben Vorurteile.

Eigenschaften

Kommunikation und Analyse sind Ihre Stärken. Sie sind ver-nünftig, scharfsinnig und flink. Mit Ihren Talenten schützen und verteidigen Sie andere und sich selbst.

Vorhersage

Schwierigkeiten mit einem mächtigen Menschen stehen bevor. Strengen Sie sich an! Es besteht die Gefahr, dass Sie den Kürze-ren ziehen.

Liebe und Beziehungen

Sie erwarten bedingungslose Hingabe. Dank Ihrer natürlichen Autorität ziehen Sie auch Menschen an, mit denen Sie nicht im-mer glücklich sind.

Arbeit und Geld

Da Sie schnell und scharf analysieren können, interessierten Sie sich für komplexe Situationen. Schriftsteller, Anwalt, Richter, Politiker — solche Berufe sind Ihnen auf den Leib geschneidert.

Worauf müssen Sie achten?

Wenn Sie alles durchschauen, ist das Leben nicht immer ange-nehm. Sie können sich zwar gut davor schützen, aber das schlägt bisweilen in Zynismus oder scheinbare Gleichgültigkeit um.

As der Kelche – Ace of Cups

AZ: Krebs, Skorpion, Fische, Wasser
Wie liegt die Karte auf dem Tisch?

▲ Sie sind voller Liebe, Mitgefühl, Hilfsbereitschaft und inspirierter, spiritueller Gefühle.

▼ Gehemmte Gefühle behindern Sie. Illusionen, Verwirrung.

Eigenschaften

Sie treten für andere ein. Sie können Liebe geben und empfangen. Die archetypische Energie des Wassers drückt sich bei Ihnen durch überfließende Gefühle aus.

Vorhersage

Familienereignisse stehen bevor: ein großes Fest, eine Geburt, Überfluss. Aber auch: Instabilität.

Liebe und Beziehungen

Eine romantische Affäre ist immer möglich. Leidenschaft und spirituelle Liebe sind Ihnen am wichtigsten.

Arbeit und Geld

Sie haben keine bestimmten Vorlieben. Wenn alle zufrieden sind, dann sind Sie es auch.

Worauf müssen Sie achten?

Überfließende Gefühle sind schön, aber Sie sollten niemanden anbeten, um sich nicht selbst zu verlieren.

Zwei Kelche

AZ: Venus im Krebs, Wasser

Wie liegt die Karte auf dem Tisch?

▲ Sie können Gegensätze harmonisch vereinigen und dadurch gleichberechtigte Beziehungen aufbauen.

▼ Inneres Ungleichgewicht, Passivität, Abhängigkeit.

Eigenschaften

Liebevolle und heilende Vereinigung von Gegensätzen. Sie können sich selbst ebenso lieben wie andere.

Vorhersage

Dank der Kraft Ihrer liebevollen Gefühle überstehen Sie auch die schwersten Rückschläge.

Liebe und Beziehungen

Gleichberechtigung ist Ihnen sehr wichtig, und Sie erwarten, dass nicht nur eine Partei dafür eintritt. Sie bieten jemandem alle Chancen.

Arbeit und Geld

Sie sind ein geschätzter Kollege, weil Sie Konflikte lösen, ohne sich in den Vordergrund zu drängen.

Worauf müssen Sie achten?

Lassen Sie niemanden auf sich herumtrampeln. Lassen Sie sich am Arbeitsplatz nicht auf eine Affäre ein — das verwirrt Sie nur.

Drei Kelche

AZ: Merkur im Krebs, Wasser

Wie liegt die Karte auf dem Tisch?

▲ Wachstum, romantische Versprechungen, ein guter Ausgang, Verlöbnis oder Ehe.

▼ Eine unglückliche Romanze, die Sie viel Energie gekostet hat, nimmt ein glückliches Ende.

Eigenschaften

Freundschaft ist Ihnen sehr wichtig. Sie erfreuen sich an anderen. Kommunikation, geteilte Ideale, Freude, Harmonie. Sie geizen nicht mit Gefühlen, sondern verschenken sie gern.

Vorhersage

Veränderungen, Umzug, Beförderung, Wachstum sind Folgen Ihrer Einstellung.

Liebe und Beziehungen

Wenn Ihnen alles ein wenig zu viel wird, ziehen Sie sich zurück, am liebsten in Ihre harmonische Ehe.

Arbeit und Geld

Gute Chancen bieten sich an, ohne dass Sie viel dafür tun müssen. Sogar eine oder mehrere Beförderungen sind möglich.

Worauf müssen Sie achten?

Ständige Missverständnisse und Streitigkeiten kosten Sie viel Kraft. Greifen Sie ein, und warten Sie damit nicht zu lange.

Vier Kelche

AZ: Mond im Krebs, Wasser
Wie liegt die Karte auf dem Tisch?

▲ Tiefe Zweifel plagen Sie; immerzu vergleichen Sie das Alte mit den Neuen, ohne sich entscheiden zu können.

▼ Es gefällt Ihnen (aber nur scheinbar), sich der Lethargie und der Langeweile hinzugeben. Ab und zu klammern Sie sich an etwas fest, jedoch ohne Erfolg.

Eigenschaften

Meditation spielt eine große Rolle in Ihrem Leben. Sie denken über Träume und Gefühle nach. Aber zu viele Tagträume machen Sie apathisch und unzufrieden.

Vorhersage

Eine neue Bekanntschaft in naher Zukunft macht Ihnen alles andere als Freude. Wie werden Sie sie möglichst schnell wieder los?

Liebe und Beziehungen

Beziehungen knüpfen sich von selbst. Sie sind nicht imstande, klar zwischen Wollen und Können zu unterscheiden. Sie versuchen krampfhaft, das Positive in Ihrer Beziehung zu pflegen — wider besseres Wissen.

Arbeit und Geld

Eine neue Ausbildung eröffnet die Chance auf eine neue Stelle. Sie mögen Veränderungen nicht, aber natürlich ergreifen Sie die Chance.

Worauf müssen Sie achten?

Zu viel Einfühlungsvermögen und zu viele Wahlmöglichkeiten machen Sie machtlos.

Fünf Kelche

AZ: Mars im Skorpion, Wasser
Wie liegt die Karte auf dem Tisch?

▲ Sie haben eine sehr emotionale Zeit hinter sich. Ein großer Verlust ist schwer zu verkraften. Sie suchen einen Platz zum Ausruhen.

▼ Neue Hoffnung auf Einigung oder Versöhnung. Rückkehr der Gefühle.

Eigenschaften

Enttäuschungen und Verluste rauben Ihnen die Harmonie und die Ruhe. Versuchen Sie, im Verarbeitungsprozess Kraft zu schöpfen und die positiven Seiten der Situation zu sehen.

Vorhersage

Zu hohe Erwartungen werden jäh enttäuscht oder bleiben unerfüllt. Vertrauen Sie auf höheren Schutz. Irgendwann werden Sie belohnt.

Liebe und Beziehungen

Trotz Unglück, negativer Energie und Verwirrung überlebt die Liebe. Vertrauen hat Ihnen Kraft gegeben.

Arbeit und Geld

Vorhersehbare Probleme bringen Sie an den Rand des Abgrunds — aber nicht weiter. Warten Sie ab, und greifen Sie nicht ein.

Worauf müssen Sie achten?

Übernehmen Sie sich nicht — Sie werden Ihre Energie noch brauchen. Die negative Stimmung anderer Leute schadet Ihnen. Schützen Sie sich davor.

Sechs Kelche

AZ: Sonne im Skorpion, Luft
Wie liegt die Karte auf dem Tisch?

▲ Sie schätzen Wärme und Harmonie in Ihren Beziehungen und in der Familie. Geborgenheit.

▼ Haften Sie nicht an unglücklichen Erinnerungen — lassen Sie los.

Eigenschaften

Erinnerungen bringen Sie zum Nachdenken. Pflegen Sie sinnvolle und schöne Erinnerungen, um hier und jetzt neue Einsichten zu erlangen.

Vorhersage

Eine neue Freundschaft, eine neue Einsicht oder ein neues Interesse erfüllen Ihr Leben mit Freude und frischer Energie.

Liebe und Beziehungen

Eine neue Liebe? Wer weiß... Auf jeden Fall wollen Sie neue Menschen kennen lernen, um Freude mit ihnen zu teilen.

Arbeit und Geld

„Neue Besen kehren gut." Ein neuer Arbeitsplatz wartet auf Sie; das ist der Grund für Ihre Eile.

Worauf müssen Sie achten?

Sie neigen zu Melancholie. Schwelgen Sie in Erinnerungen, so viel Sie wollen, aber quälen Sie sich nicht.

Sieben Kelche

AZ: Venus im Skorpion, Wasser
Wie liegt die Karte auf dem Tisch?

▲ Unentschlossenheit quält Sie. Sie lassen sich von (eigenen und fremden) Fantasien in die Irre führen.

▼ Sie haben ein neues Ziel. Jetzt ist Tatkraft notwendig.

Eigenschaften
Sie verstricken sich in Tagträume und Illusionen. Der Wunsch, diese (unerfüllbaren) Fantasien auszuleben, macht Sie gereizt.

Vorhersage
Sie sehnen sich nach Vertrauen und Wahrheit. Aber werden Sie sie auch erkennen, wenn Sie ihnen morgen begegnen?

Liebe und Beziehungen
Ihre Schüchternheit führt zu Unklarheiten. Sie verdrängen Ihre Schattenseite.

Arbeit und Geld
Ein Umzug zwingt Sie, sich einen neuen Arbeitsplatz zu suchen.

Worauf müssen Sie achten?
Stress und Spannungen trüben Ihren Blick.

Acht Kelche

AZ: Saturn in den Fischen, Wasser
Wie liegt die Karte auf dem Tisch?

▲ Sie wurden enttäuscht und schwelgen in Selbstmitleid. Sie suchen einen Ausweg.

▼ Sie genießen die emotionalen, häuslichen und sozialen Aspekte des Lebens.

Eigenschaften

Nach einem Missgeschick sind Sie machtlos, ziellos und apathisch. Sie suchen nach neuen Anhaltspunkten und Zielen.

Vorhersage

Lösen Sie sich von alten Wertvorstellungen, um Ihre Vitalität und Ihren „Kern" wieder zu finden. Das wird Sie einige Zeit kosten; aber Sie schaffen es.

Liebe und Beziehungen

Liebe, Illusion und Enttäuschung liegen zeitlich eng beieinander. Sie neigen dazu, Dinge aufzubauschen.

Arbeit und Geld

Vielleicht ist es Zeit für eine neue Stellung. Bleiben Sie vernünftig, und bringen Sie sich nicht in eine schwierige Lage.

Worauf müssen Sie achten?

Laufen Sie nicht im Kreis herum. Ein Schritt zur Seite genügt, um große Veränderungen zu bewirken.

Neun Kelche

AZ: Jupiter in den Fischen, Wasser

Wie liegt die Karte auf dem Tisch?

▲ Sie haben Glück. Ihre Wünsche und Sehnsüchte erfüllen sich.

▼ Nachgiebigkeit gegenüber sich selbst, Enttäuschung und Genusssucht verschlimmern die Lage.

Eigenschaften

Sie sehen Ihre Wünsche klar vor Augen und können sie deshalb erfüllen. Sie sind imstande, Ihren Erfolg voll zu genießen — und das ist ansteckend.

Vorhersage

Sie inspirieren andere. Ohne dass Sie es merken, werden allerlei schöne Pläne geschmiedet und verwirklicht.

Liebe und Beziehungen

Ihre große Empfindsamkeit macht Sie launisch. Nehmen Sie sich zusammen, damit Sie nicht in einen negativen Kreislauf geraten.

Arbeit und Geld

Endlich haben Sie den lang ersehnten Erfolg. Bleiben Sie mit beiden Füßen auf der Erde, sonst gehen Sie an Verschwendungssucht zugrunde.

Worauf müssen Sie achten?

Sir frönen der Genusssucht und der Gier, weil Sie glauben, dass es nicht schadet. Stimmt das wirklich?

Zehn Kelche

AZ: Mars in den Fischen, Wasser
Wie liegt die Karte auf dem Tisch?

▲ Sie können zufrieden zurückblicken — das Projekt ist vollendet. Schutz, Harmonie in der Familie und im Freundeskreis.

▼ Unzufriedenheit, Uneinigkeit, Unfertigkeit. Ihre Mühe wurde nicht belohnt.

Eigenschaften

Ein schönes Gefühl der Erfüllung ergreift Sie. Sie haben (zusammen mit anderen) hart daran gearbeitet, und das Ergebnis kann sich sehen lassen.

Vorhersage

Optimismus färbt Ihre Gedanken und Handlungen. Eigentlich quellen Sie schon wieder über vor neuen Ideen.

Liebe und Beziehungen

Sie sind die Stütze für jemanden (gewesen), der es nötig hat (hatte). Jetzt brechen bessere Zeiten an.

Arbeit und Geld

Keine Klagen, oder?

Worauf müssen Sie achten?

Genießen Sie Ihren Erfolg, doch überschätzen Sie andere und sich selbst nicht. Achten Sie auf Ihren guten Ruf.

Bube der Kelche – Page of Cups

AZ: Krebs, Skorpion, Fische, Wasser
Wie liegt die Karte auf dem Tisch?

▲ Sie sind empfindsam, leidenschaftlich und fantasievoll. Sie lassen sich durchs Unbewusste inspirieren, zum Beispiel durch Träume.

▼ Sie sind emotional und sozial unreif — ein Tagträumer.

Eigenschaften

Das Unbewusste ist für Sie sehr wichtig. Sie sind lernbegierig und suchen immer nach neuen Abenteuern. Meditation und innere Suche schrecken Sie ebenfalls nicht ab.

Vorhersage

Die Fantasie ist die Quelle Ihres Handelns. Werden Sie realistischer, und strengen Sie sich an, um etwas zu erreichen.

Liebe und Beziehungen

Ihre romantische Leidenschaft macht Sie verführerisch. Verstricken Sie sich aber nicht in Ekstase und Fantasien.

Arbeit und Geld

Sie sind verwöhnt, geben Sie es zu! Sie finden es selbstverständlich, dass andere Sie freihalten.

Worauf müssen Sie achten?

Hören Sie auf die Botschaften, die Ihr Unbewusstes Ihnen schickt; sonst wird Ihre Entwicklung gehemmt.

Ritter der Kelche – Knight of Cups

AZ: Skorpion, Wasser, Luft

Wie liegt die Karte auf dem Tisch?

▲ Sie sind fantasievoll, empfindsam und romantisch. Sie folgen nicht nur Ihren Gefühlen, sondern auch Ihren Träumen und Visionen.

▼ Sie passen die Wahrheit gerne Ihren Wünschen an („kleine Lügen mit bester Absicht"). Sie wollen den Tatsachen nicht ins Auge sehen.

Eigenschaften

Sie sind ein romantischer Träumer mit Geschmack und Sinn für Ästhetik. Aber Sie sind auch launisch und eifersüchtig. Ab und zu haben Sie Probleme mit der Realität.

Vorhersage

Ihre Lügen werden zwar nicht so schnell durchschaut; dennoch schaden sie anderen.

Liebe und Beziehungen

Sie sind ein ewiger Hausfreund, und alle ziehen Sie ins Vertrauen. Ihre Freundschaften sind oberflächlich, weil Sie nichts dazu beitragen.

Arbeit und Geld

Sie wollen anerkannt werden. „Der Zweck heiligt die Mittel" ist Ihr Motto. Ihre Unaufrichtigkeit fügt anderen Schaden zu, von dem Sie sich am liebsten freikaufen wollen.

Worauf müssen Sie achten?

Oberflächlichkeit macht Sie nicht dauerhaft zufrieden. Minderwertigkeitsgefühle liegen auf der Lauer.

Königin der Kelche – Queen of Cups

AZ: Fische, Wasser

Wie liegt die Karte auf dem Tisch?

▲ Sie sind liebevoll und empfindsam. Sie spiegeln die Gefühle anderer wider.

▼ Sie sind wenig empfindsam und unrealistisch, und Sie werden von Sorgen und unangenehmen Träumen geplagt.

Eigenschaften

Sie sind sich Ihrer tiefen Gefühle bewusst, und Sie wissen, dass Sie Menschen anziehen und verzaubern können. Liebe und Hingabe sind für Sie am wichtigsten.

Vorhersage

Sie betrachten eine Verbindung als ewig, und Sie sind sehr treu. Wenn Sie mit etwas anfangen, ziehen Sie es bis zum Schluss durch.

Liebe und Beziehungen

Sie lieben bedingungslos, weil Sie sich nicht vor Ihren tiefsten Gefühlen fürchten. Sie hängen sehr an Ihrem Partner und dulden keine Rivalin.

Arbeit und Geld

Außerhalb Ihres Berufs erfüllen Sie eine wichtige soziale Aufgabe. Die Arbeit geht Ihnen nie aus.

Worauf müssen Sie achten?

Wegen Ihrer Überempfindlichkeit haben sie mehr Sorgen als nötig. Vertrauen Sie auf die „Spannkraft" anderer.

König der Kelche – King of Cups

AZ: Kraft, Wasser Feuer

Wie liegt die Karte auf dem Tisch?

▲ Sie sind empfindsam, intelligent, warum und liebevoll.

▼ Betrug, emotionale Verwirrung und Instabilität drohen.

Eigenschaften

Sie sind sich Ihrer inneren Werte, Ihrer Gefühle und Ihrer Intuition bewusst. Sie geben kreativen Rat und flößen anderen von Natur aus Respekt ein.

Vorhersage

Sie wollen Menschen und Projekte nach Ihrer Einsicht lenken. Sie vertrauen auf Ihre natürliche Autorität und gründen darauf Ihre Pläne.

Liebe und Beziehungen

Sie sind eifersüchtig und erwarten bedingungslose Hingabe. Sie wollen alles steuern und lösen dadurch unnötigen Streit aus.

Arbeit und Geld

Dank Ihrer starken Persönlichkeit und Ihrer Intelligenz gelten Sie bald als „allwissend", als Autorität auf Ihrem Gebiet (Geschäftsmann, Wissenschaftler, Anwalt, Unterhändler).

Worauf müssen Sie achten?

Trotz Ihrer Intelligenz und Ihrer Herzlichkeit sind Sie nicht immer ganz ehrlich zu sich und anderen.

Anhang 1
Die Bedeutung der astrologischen Begriffe

Die Bedeutung der zwölf Tierkreiszeichen

Die Bedeutung der zehn Planeten

Die Bedeutung der vier Elemente

Wie die Tarotkarten beschreibe ich auch die astrologischen Begriffe in *Schlagworten,* damit Sie sich rasch über die Bedeutung der Karten informieren können.

Astrologen erforschen den Sternenhimmel

Die Bedeutung der zwölf Tierkreiszeichen

In Klammern stehen die *lateinische Bezeichnung* und die Periode, in welche die Geburtstage fallen.

Widder (*Aries*, 21. März – 19. April)
Selbständigkeit, Aggressivität, Begeisterung, Naivität, Egoismus

Stier (*Taurus*, 20. April – 20. Mai)
Praktisch, ausdauernd, Gewohnheitsmensch, stur, konservativ, besitzergreifend

Zwillinge (*Gemini*, 21. Mai – 21. Juni)
Anpassungsfähig, geschickt, schlagfertig, fleißig, gesellig, flexibel

Krebs (*Cancer*, 22. Juni – 22. Juli)
Emotional, fürsorglich, häuslich, gutes Gefühl für Stimmungen

Löwe (*Leo*, 23. Juli – 22. August)
Freigebig, pompös, großmütig, theatralisch, bombastisch, übertreibt gerne

Jungfrau (*Virgo*, 23. August – 22. September)
Pingelig, hilfsbereit, kritisch, schwermütig, genau

Waage (*Libra*, 23. September – 22. Oktober)
Freundschaft, enge Beziehung, Ehe, kreativ, diplomatisch, taktvoll, fleißig, harmonisch, kann sich schwer entscheiden

Skorpion (*Scorpio*, 23. Oktober – 21. November)
Intensiv, Sexualität, unterdrückte Aggressivität, Groll, Unergründlichkeit, treu, verschlossen

Schütze (*Saggitarius*, 22. November – 21. Dezember)
Reiselust, Spaß, Sport, „es faustdick hinter den Ohren haben", „ich habe immer Recht", gibt sich gesellig

Steinbock (*Capricornus*, 21. Dezember – 19. Januar)
Konservativ, diszipliniert, braucht Statussymbole, ehrgeizig, verantwortungsbewusst

Wassermann (*Aquarius*, 20. Januar – 18. Februar)
Idealismus, Träume, Kreativität, Freiheit, Intelligenz, Unfügsamkeit, Eigenwilligkeit

Fische (*Pisces*, 19. Februar – 20. März)
Aufopferungsvoll, mitfühlend, empfindsam, mystische Erfahrungen, unbestimmte, manchmal unmögliche Ziele, defätistisch

Die Bedeutung der zehn Planeten

Sonne: Lebenskraft, Schaffensdrang, Willenskraft, Selbstausdruck, Egozentrizität, Vaterrolle

Mond: Aufgeschlossenheit, Gefühlsleben, Gefügigkeit, Instabilität, Stimmungswechsel, Mutterrolle

Merkur: logisch denken, unterscheiden, vermitteln, kommunikativ, neugierig, sprachgewandt, intelligent, geschickt, schlagfertig, nervös, violett

Mars: streitlustig, unternehmungslustig, mutig, spontan, leichtsinnig, leidenschaftlich, gewalttätig

Venus: Liebe, Zuneigung, Lust, Schönheit, Suche nach Ausgewogenheit, Frieden stiftend, kompromissbereit, Gegensätze ausgleichend

Jupiter: Ausbreitung, Wachstum, Freude, Erfolg, Optimismus, abstraktes Denken, verbreitet Einsichten, Übermaß, Ausschweifung, gelb, grün

Saturn: Grenzen, Einschränkungen, zusammenziehend, einschließend, festhaltend, kristallisierend, strukturierend, diszipliniert, pflichtbewusst, verantwortungsbewusst, melancholisch, pessimistisch

Uranus: Intuition, plötzliche brillante Einsichten, kreative Veränderungen, Befreiung aus der Zwangsjacke, Technik, ungezügelte Energie

Neptun: starke Gefühle, Spiritualität, kunstsinnig, Illusion, Verwirrung, Auflösung, Enttäuschung, Sucht

Pluto: Machtgier, Hysterie, Vernichtung, Transformation, Erneuerung, verhindert die Integration des Unbewussten

Die Bedeutung der vier Elemente

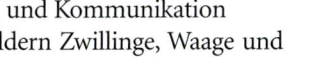

Feuer: Impulsivität, großer Einsatz, Intuition
Gehört zu den Sternbildern Stier, Jungfrau und Steinbock.

Erde: praktische und realistische Tätigkeiten, Sinnesorgane
Gehört zu den Sternbildern Widder, Löwe und Schütze.

Luft: Verstand, Denken und Kommunikation
Gehört zu den Sternbildern Zwillinge, Waage und Wassermann

Wasser: Gefühle und Empfindungen
Gehört zu den Sternbildern Krebs, Skorpion und Fische

Anhang 2

*Das klassische Tarot von Arthur Edward Waite
und Pamela Colman Smith*

Die wahrscheinliche Geschichte des Tarots

Nachschlagewerke

Das klassische Tarot von
Arthur Edward Waite
und
Pamela Colman Smith

Die erste Ausgabe dieses weltberühmten Tarots erschien 1910 bei *Rider & Company* in London. Darum wird er meist „Rider-Waite-Tarot" genannt. Zutreffender wäre die Bezeichnung *Waite-Smith-Tarot* nach dem Zusammensteller Waite und der Malerin Colman Smith. Der Kürze halber sprechen wir hier vom *Waite-Tarot*, weil Waite auch in anderen Bereichen der Esoterik sehr bekannt ist.

Waite (1857-1941) war ein christlicher esoterischer Philosoph und Mitglied des hermetischen Ordens „Golden Dawn" (Goldene Dämmerung). Dieser einflussreiche magische Orden wurde Ende des 19. Jahrhunderts gegründet. Waite war der geistige Vater dieses Tarots. Er bezeichnete die Symbolik des Tarots als eine Art Alphabet, dessen „Buchstaben" man in unendlich vielen Kombinationen anordnen kann und das alles im Leben zu deuten vermag.

Der *Waite-Tarot* ist vor allem dafür berühmt, dass er die Symbolik der Karten klar und deutlich wiedergibt. Darum eignet er sich gut für Anfänger und für jeden, der sich für die mystischen Hintergründe des Tarots interessiert.

Im Laufe der Jahre wurden fast Unzählige verschiedene Versionen des *Waite-Tarots* herausgegeben. Das wirft die Frage auf, welche Ausgabe dem Original entspricht. Wenn wir zum Beispiel zehn Versionen miteinander vergleichen, überraschen uns die vielen Unterschiede: Die Farben stimmen nicht überein, die Symbole sind unterschiedlich, und manchmal weichen sogar die Bilder vom Original ab.

Die Bilder diesem Buch sind Reproduktionen der (vermutlich) originalen Ausgabe des Jahres 1910. Dieses Deck gehörte A. E. Thierens (dessen Initialen nur zufällig mit denen von Waite übereinstimmen). Thierens war Theosoph und ein Zeitgenosse von Waite, und beide haben ein Buch über das gleiche Thema geschrieben (Thierens, *The General Book of the Tarot*, London 1928). Da die Bücher zudem im selben Verlag erschienen sind, ist anzunehmen, dass Waite und Thierens einander gekannt haben.

Die meisten Geheimnisse des Waite-Tarots sind heute zwar entschleiert, aber dieses *klassische Tarot von Arthur Edward Waite und Pamela Colman Smith* wird wahrscheinlich immer ein wenig rätselhaft bleiben.

Arthur Edward Waite   *Pamela Colman Smith*

Die wahrscheinliche Geschichte des Tarots

Rota Taro orat Tora Ator

„Das Rad des Tarots verkündet das Wissen Hathors"

Was den Ursprung des Tarots betrifft, so tappen wir im Dunkeln; aber er liegt gewiss in der fernen Vergangenheit. In Europa ist der Tarot etwa seit der ersten Hälfte des 15. Jahrhunderts bekannt.

Der Begriff „Tarot" lässt sich nicht wörtlich übersetzen, denn er wird mit verschiedenen Kulturen in Verbindung gebracht, zum Beispiel:

tar: (Weg) plus ro (König oder Königreich) bedeuten im Ägyptischen „königlicher Lebensweg".

rota: (Anagramm von Tarot) bedeutet im Lateinischen „Rad". Im heutigen Tarot ist dieses Rad das Schicksalsrad (Karte 10 der Großen Arkanen).

Tarot: steht auch für „Tora" oder „Thora", das hebräische Wort für „Gesetz". Auf der zweiten Karte der Großen Arkanen hält die Hohepriesterin eine Tora in der Hand.

Ator: (eine Schreibweise des Namens Hathor) ist eine der ältesten ägyptischen Gottheiten und oft ein Synonym von Isis.

rotah: (Sanskrit für „Rad") ist wiederum das Schicksalsrad (Karte 10 der Großen Arkanen).

Das also sind vermutlich die Wurzeln des Tarots.

Der wahrscheinliche Ursprung und die Verbreitung des Tarots

Vom 14. Jahrhundert an gibt es Hinweise auf Tarotkarten im Westen. Das älteste bekannte Deck ist der italienische Tarot von Visconti und Sforza, der um 1432 anlässlich einer Hochzeit zwischen diesen beiden Mailänder Familien angefertigt wurde. Vermutlich liegt der Ursprung des Tarots deshalb in Italien.

Gegen Ende des 15. Jahrhunderts wurde der *Tarot de Marseille* sehr populär, und diesen Tarot benutzt man heute noch als „Frage-und-Antwort-Spiel" und als Tarocchi, einen Vorläufer des beliebten Bridge.

Da immer mehr Menschen versuchten, mit Hilfe des Tarots die Zukunft zu ergründen, verbot der Papst dieses „Teufelszeug". Die Folge war, dass die Gläubigen jedes Jahr während der Bußzeit nach dem Karneval ihre Karten verbrannten — um sie später wieder anzuschaffen.

Wir wissen nicht genau, wie die Karten in den Westen gelangt sind. Es gibt dazu unterschiedliche Auffassungen.

Manche vermuten einen *ägyptischen* Ursprung und nehmen an, dass Kreuzfahrer die Karten mitgebracht haben. Die Kreuzzüge fanden allerdings lange vor dem Auftauchen der ersten Karten im Westen statt.

Andere gehen von einem *hebräischen* Ursprung aus und schreiben den Tarot dem „Volk Israel" zu, das ein Verbindungsglied zwischen dem alten Ägypten und dem Abendland war. Diese Auffassung liegt nahe, wenn wir die 22 Karten der Großen Arkanen und die kabbalistische Bedeutung der 22 Buchstaben des hebräischen Alphabets miteinander vergleichen.

Wieder andere sehen den Ursprung des Tarots in *Indien* und glauben, die Zigeuner (die eine indische Sprache sprechen) hätten die Karten zu uns gebracht. Allerdings zogen die Zigeuner wahrscheinlich frühestens im 15. Jahrhundert nach Europa, und zu dieser Zeit war der Tarot dort schon längst bekannt. Die Zigeuner haben jedoch das Wahrsagen mit Karten übernommen und dadurch die Verbreitung des Tarots und seinen Ruf als „Orakel" gefördert.

Die Entwicklung des Tarots

Der Tarot mit seinen meist sehr attraktiven Karten erfreut sich eines immer noch zunehmenden Interesses. Vor allem in unsicheren Zeiten suchen die Menschen Zuflucht bei den Karten. So war es auch in Frankreich gegen Ende des 18. Jahrhunderts, also zur Zeit der Revolution.

Anfang des 20. Jahrhunderts erschienen in England und Amerika viele neue Tarots. Unter ihnen war der *Rider-Waite-Tarot* der Erste, der die Symbolik der Großen Arkanen klar wiedergab und wegen seiner Verständlichkeit sehr populär wurde. Er erschien zuerst im Jahr 1910 und verdankt seinen Namen dem Zusammensteller Arthur Edward Waite, der Malerin Pamela Colman Smith und dem Verlag *Rider & Company.*

Von den Sechzigerjahren bis heute sind viele Abwandlungen des klassischen Tarots erschienen. Diese neuen Tarots haben die unterschiedlichsten Grundlagen: Roboter, Science-Fiction, historische Ereignisse, Kunst, Mythologie und so weiter. Sie wurden meist aus künstlerischen Gründen entworfen und nur in (viel) geringerem Maße aufgrund eines esoterischen Interesses. Darum ist ihre Symbolik leider oft unvollständig.

Zum Glück werden heute auch moderne, schöne und esoterisch sinnvolle Tarots herausgegeben, und hoffentlich werden ihnen noch viele folgen!

Das klassische Tarot von
Arthur Edward Waite und Pamela Colman Smith

Das klassische Tarot von Arthur Edward Waite und Pamela Colman Smith ist vor allem wegen seiner deutlichen und leicht zugänglichen Symbolik so berühmt geworden. Es eignet sich für jeden, der sich für die mystischen Hintergründe und die Symbolik des Tarot interessiert.

78 Farbige Karten
6,5 x 12 cm
ISBN 90-6361-010-6

Nachslagewerke

Akron und Hajo Banzhaf, *Der Crowley-Tarot, Das Handbuch zu den Karten von Aleister Crowley und Lady Frieda Harris,* Heinrich Hugendubel Verlag, 1991.

Hajo Banzhaf und Anna Haebler, *Schlüsselworte zur Astrologie,* Heinrich Hugendubel Verlag, 1994.

Hajo Banzhaf, *Tarot und die Reise des Helden, Der mythologische Schlüssel zu den Große Arkana,* Heinrich Hugendubel Verlag, 1997.

Friedrich Brandt, *Das Falken Praxisbuch zum Waite-Tarot,* Falken, 1999.

Frank A. Glahn, *Das deutsche Tarotbuch,* Bauer, 1987.

Elisabeth Haich, *Tarot, Die zweiundzwanzig Bewußtseinsstufen des Menschen,* Drei Eichen Verlag, 2000.

Rachel Pollack, *Tarot - 78 Stufen der Weisheit,* Droemersche Verlangsanstalt Th. Knaur Nachf., 1985.

Peter Schöber-Paweska, *Das Rider-Waite-Tarot Handbuch,* Windpferd, 1996.

P. Scott-Hollander, *Tarot für Anfänger,* Urania Verlags AG, 1997.

Arthur Edward Waite, *Der geheime Tarot-Schlüssel,* Heyne, 1996.

Jan Woudhuysen, *Das Tarotbuch,* Droemer Knaur, 1989.

Bücher von Petra Sonnenberg
bei IRIS Bücher & mehr

Das Große Pendelbuch
ISBN 90-76274-81-9

Das praktische Pendel-
set für Einsteiger
ISBN 90-76274-03-7

Die spirituellen Kräfte
der Bäume
ISBN 90-76274-32-0

Heilende Steine
von A bis Z
ISBN 90-76274-63-0

Nachschlagewerke
bei IRIS Bücher & mehr

Karen Hamaker-Zondag
Tarot als Lebensweg
ISBN 90-76274-43-6

*Das klassische Tarot
von A.E. Waite und
Pamela Colman Smith*
ISBN 90-6361-010-6

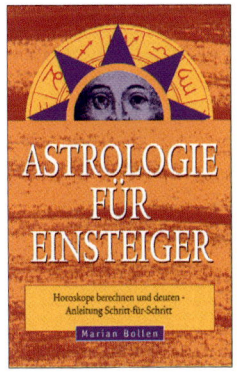

Marian Bollen
Astrologie für Einsteiger
ISBN 90-76274-67-3

Martin Banger
*Astrologie
Was ist das eigentlich?*
ISBN 90-76274-78-9

IRIS Bücher & mehr im Internet

Inhaltsangaben & aktuellen Informationen
zu unseren Titeln und Artikeln?

Besuchen Sie Unsere Virtuelle Bühne:

www.irisbuch.com